The Art of Feeling Better

How I heal my mental health (and you can too)

人生
原來可以
海闊天空

我是這樣好的，你也可以試試

瑪蒂達・韓道 ◎ 文字・繪圖
Matilda Heindow
屈家信◎譯

為你的精彩人生應援

各界專家共感推薦
依來稿時間順序

【推薦①】你真正了解「憂鬱」嗎？

國立成功大學心理健康與諮商輔導組臨床心理師　廖聆岑

在大學校園諮商輔導單位工作超過二十年，看見學生有很高的比例受到憂鬱的折磨，不僅影響自身，有時也讓周遭的人感到疲憊。

大多數人都認識憂鬱，但卻不曾真正理解憂鬱。作者以自身的經歷，將沉重的憂鬱變成淺顯易懂的文字以及詼諧有趣的插畫，幫助大家更理解憂鬱，以及在面對憂鬱的各種獨白與小劇場時，也深刻描繪大眾對於精神疾患者的擔心或偏見。還有經常與憂鬱密不可分的自殺與創傷經驗，作者都娓娓道來。

你會看到憂鬱通常不會是單一壓力或事件造成，而是長時間內心交戰終至傷痕累累的結果。與憂鬱奮戰是一條艱苦而漫長的路，不要先入為主，只要試著同理與傾聽即可。

更重要的是，作者在書中分享許多自己如何從憂鬱一步步走向康復的方法與歷程，希望幫助還在憂鬱泥沼的人有更多力量可以慢慢爬出來。真的是一本深入淺出又實用的書，對於想要更了解憂鬱症的你，也很有幫助喔！

【推薦②】走出創傷低谷的溫柔導引

馬偕紀念醫院自殺防治中心主任　林承儒

這是一個生命鬥士，對抗情緒糾纏，走過創傷的死蔭幽谷，再回到可安歇的溪水旁的故事。

作者瑪蒂達．韓道自青少年時期開始，多年來在情緒及自傷自殺衝動的漩渦中，載沉載浮，藉由藥物、藉由情緒應對技巧、藉由挑戰迷思及跟自己做朋友等方法，從一個對於明天是否還能繼續活下去而感到憂心忡忡的人，轉變成對未來充滿期盼。身為臨床精神科醫師的我，看見許多受情緒疾患之苦的個案，推薦這本容易上手的指引書，為在地獄之火中被焚燒的情緒疾患個案帶來一縷拂面清風。

【推薦③】放輕鬆，找回內在的平靜

李政洋身心診所院長／臺灣眼動減敏與歷程更新治療學會理事／
老年精神科專科醫師　李政洋

暫時將書中的各種診斷放在一旁吧！書中充滿了作者從恐懼與絕望中萃取出來的寶藏。透過真誠的文字、可愛的圖文，讓讀者很輕易地一頁一頁讀下去。推薦給正在旅途上，或是作為支持者的你。這是一本很好閱讀的創傷療癒書籍，分享作為一個人可以怎麼鬆、怎麼愛、怎麼生活。

【推薦④】擁抱世界同時，也要記得照顧自己

國立大學專任心理師，從事心理諮商相關工作二十年　張歆昀

感謝作者的勇敢，願意道出切身的經歷，接納自己脆弱、無助、痛苦的感受，透過心理治

療、精神醫學、藝術創作、人際支持、正念治療等方式，找到自己與世間共處的平衡之道，學會活在當下，放下我執與全然的自我靠近，生命在彼此依存的過程中，於探索自己的力量及滿足他人之間達到平衡。作者給了一個很好的示範，面對這樣令人心疼、複雜的情緒困擾，如何透過尋找自身的出路與這個世界連結，推薦你由「當你自己最好的朋友，擁抱自己，找到照顧自己的方式」來找平衡！

【推薦⑤】藝術，讓受傷的心靈開始遼闊

國立臺灣師範大學美術學系副教授／藝術治療師／諮商心理師　江學瀅

心理疾病帶給生病者的辛苦，有著許多難以為外人道的複雜感受。視覺藝術創作活動執行的過程，創作者專注投入非語言感受的象徵性表達，讓作品成為承接感受的器皿，釋放內在情緒帶來的各種壓力。不強調技巧且自主而為的創作過程，幫助整合意識與潛意識，理性的認知思考與直覺的感受透過手眼協調操作媒材的過程，成為代表個人的獨特作品樣貌。創作幫助心理疾病者以作品拓展內在視野，當心理空間逐漸遼闊時，原來人生即海闊天空的世界。

目次
CONTENTS

【第二章】我有可能好轉嗎？（絕對可以）

【第三章】你的心理健康工具

目次
CONTENTS

引言：為你而寫的書

這本書是為你而寫的。沒錯，就是為了你。也許某位深愛你的人送給你這本書，或者是你買給自己的禮物。你可能曾因為心理健康而感到困擾，甚至現在仍在掙扎中，已經有很長一段時間感覺不到真實的自我。無論你是誰，無論是否仍抱著希望，或者正面對怎樣的人生，都需要好好照顧自己的心理健康，所以這是屬於你的書。

這本書記錄了我為心理健康奮戰的過程，從最初期出現的症狀，首次接受治療，一直到現階段變得愈來愈積極樂觀，忠實地寫下邁向康復的旅程中，心境的悲歡起落。包含挫敗和勝利，以及一路走來學習到的所有事情。雖然我經歷的是再平常不過的事，但鮮少有人願意談論自己在心理健康上的掙扎。藉由我的經驗作為引子，想談談關於你的心理健康，無論是過去、現在或者未來可能的遭遇。就算此刻的你正處於低潮期，我要讓你知道你絕不孤單，更不會迷失，你的高點就在眼前。

在這本書裡我將人生旅程中所學習到的事（以及沒學會的事），藉由文字和圖畫與你分享。包含一路走來讓康復願望得以實現的祕訣，非常實用的自我照護工具，在恢復的旅途中能發揮緊急救援的應對機制，以及重新與自己做朋友後得到的新展望。簡單地說，我要分享如何學習活得精彩（而不是單純地活著），或許這些經驗能讓你從中受益。

這本書涵蓋了自殺、創傷和悲慟等敏感話題。如果閱讀這些章節時感到心情沉重，不需勉強一定要閱讀完。我只是希望能分享生命旅程中最真實的一面，所以不避諱談論它們。你可在準備好的時候再繼續閱讀。這部分我會用這個圖案標示：

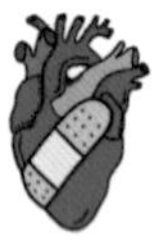

無論是從頭到尾順著看，或者挑選能幫助自己度過困境的合適章節，你可隨心所欲

地閱讀這本書。每個章節的內容都不會太長，並搭配我繪製的插圖，希望能在你需要它的任何時刻，方便翻閱到有幫助的地方。如果有哪些話觸動你的心，也歡迎用螢光筆標記它們，或在空白處寫下心得。在你最需要這本書的那些日子，不妨把它放在觸手可及的地方。周遭若有生活過得不如意的朋友，也可以把這本書借給他們。不拘形式與用途，只要能有所助益，儘管選擇喜歡的方法使用這本書。

希望這本書能讓你知道，世界上還有數百萬人的感受和你相似，且有數百種不同的方法能讓人痊癒。無論你正經歷什麼事，我衷心期盼這本書能帶來一絲溫暖與希望，彷彿有雙手握著你，陪伴著度過崩裂的世界。也許不確定自己到底需要什麼，或者對於從何處著手感到欲振乏力，我希望你在閱讀的過程中，能發現自己認同的觀點、技巧或祕訣，因而得到幫助。沒有共鳴的章節可留到未來再看。

最重要的是，我希望這本書能提醒你維護好心理健康，像是照顧最重要的人一樣對待自己，因為你值得。

我的心生病了，怎麼辦？

——精神疾病與我

我不記得最初覺得自己哪裡有問題是什麼時候的事了，但是那種感覺應該已經存在很長的時間。

母親形容我從小就是個非常好帶的孩子，大多數時間表現得都乖巧安靜，不禁讓她懷疑為何許多為人父母那麼容易大驚小怪。打從我開始學習説話，話匣子一打開就停不下來。最喜歡做的事就是纏著爺爺奶奶問各式各樣的問題，為了滿足我包羅萬象的好奇心，他們得把那些厚重的線裝書從書架上搬下來查詢，我愛極了那些舊書。我的內心生活非常豐富，幻想出來的人物、地點和故事情節彼此交織堆疊，多年下來建構出一個複雜又精彩的虛擬世界。孩提時代的我，內心世界是個神聖的地方，我喜歡那兒。曾幾何時，一切開始改變。

隨著對世界的認識愈來愈廣，累積更多新的生活經驗，我變得更加警戒與害怕。上學後這種感覺更為強烈，大多數孩子似乎都無憂無慮，只有我特別緊張，甚至不敢和大家一起玩爬樹的遊戲。到了三年級期中，我經常在數學課堂上偷偷哭泣，因為什麼都聽不懂。之後被診斷出得了數學學習障礙，那是一種學習力失能，使得我對於數字的理解十分困難。就像是注意力不足過動症者無法保持專注力一樣，只有對某件事非常感興趣才有辦法學習。第一次流鼻血也是發生在課堂上，我用手捂著臉，難堪地深怕被別人發現。老師看到時要求我把手放下，手掌和臉全都沾滿又厚又黏的血漬，讓我羞愧得無地自容。

我覺得自己做錯了什麼事，部分原因是因為曾被別人斥責和批評。大人們不斷地斥責我不該那麼敏感，在學校裡應該更努力。這讓我感到沮喪，因為一直以來我都竭盡所能努力著，顯然在他們的眼裡並不足夠。十四歲時，我被焦慮以及一些無法解釋的事情困擾，發現再也無法感受好奇、喜悅或者滿意。並不清楚何時喪失了這些情緒，反正當時的我一點也不在乎。處於青春期的孩子本來就受到荷爾蒙作祟所影響，同時充滿焦慮，不是這樣嗎？

然而我所感受的，和一般青少年常見的多愁善感似乎不同，反而比較像與快樂相關的大腦區塊被人動手術切除掉的感覺。經歷了很長一段時間的麻木與絕望，我與周遭任何事物都顯得格格不入。

多次在日記本裡寫下遺囑，卻從未想過為何這麼做。事實上我根本沒有任何像房子或汽車等有價值的物品，所以遺囑的內容並不切實際，只是覺得應該要這麼做罷了。父母為我的情緒所困擾，放棄未來人生的我讓他們感到愈來愈憂慮。

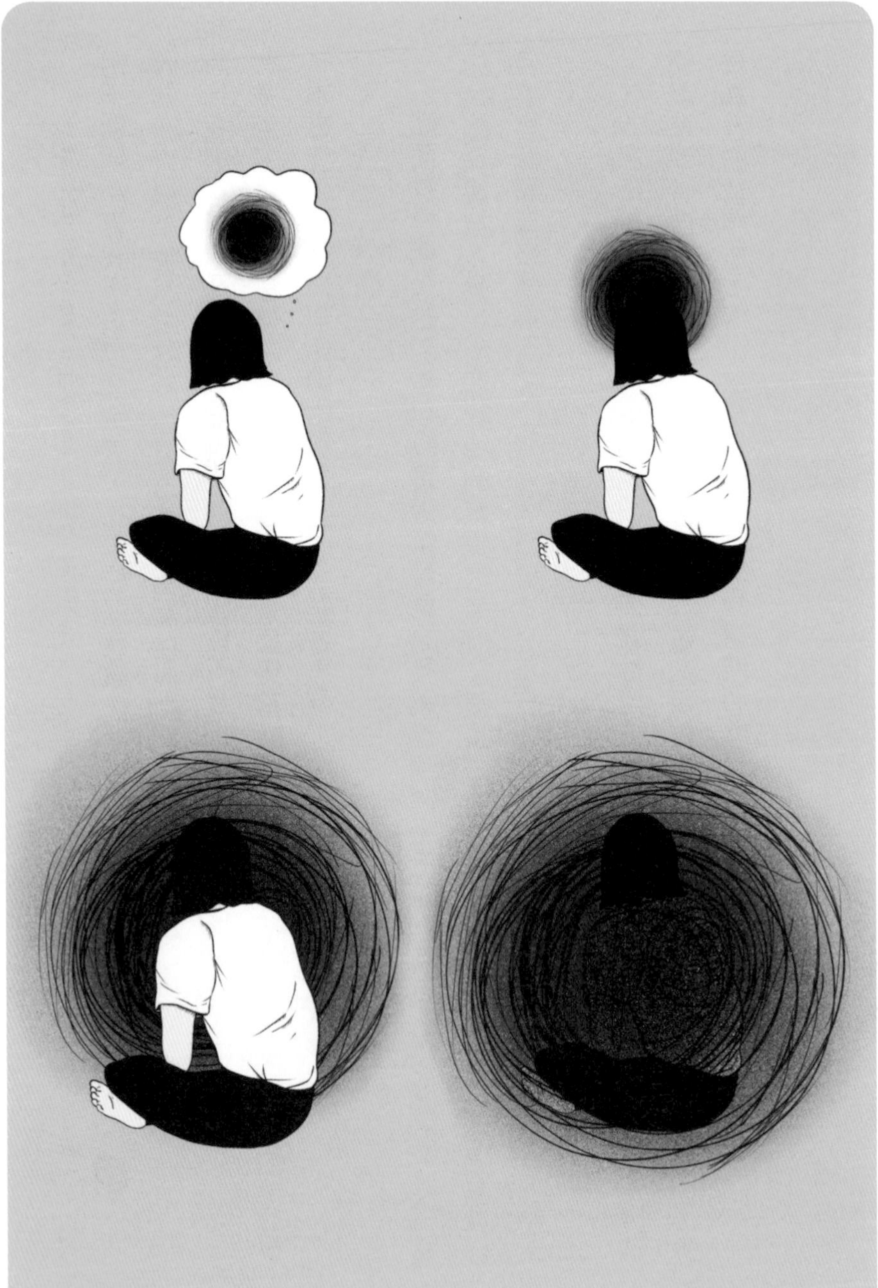

大概在十二或十三歲時，母親為我預約了一位治療師。布滿許多耐陰植物的診間十分明亮，一張小矮桌上擺了一個大碗，裡頭裝滿各式紓壓玩具，旁邊還有一包全新的面紙。面紙封口的膠帶被掀起一小角，彷彿在邀請或提醒就診者別忘了使用它。牆邊擺著從IKEA買來的書架，架上清一色都是與心理學相關的書籍。另一面牆則掛著野獸派大師馬蒂斯的巨大畫作。

我問治療師是否可以自行選擇放在辦公室裡的藝術品，她表示從未有人問過這個問題。她看起來像是那種不帶感情「就事論事」的人，讓我覺得有些不自在。不過當我提出類似上述問題時，似乎引起了她的興趣，表情也變得較為溫暖。她讓我填寫一些關於抑鬱的表格，並且問了一些有關家庭生活的私人問題。問我是否想死，我不想死，至少還沒考慮過這件事，儘管已經寫好了遺囑。

她問我是否已經感到沮喪很長一段時間，我回答某天這種感覺突然間就湧現出來。「你有感到幸福快樂的時刻嗎？」我幾乎不需思考就回答她：「有，有些日子我覺得很快樂，超級快樂。但是這種感覺不會持續太久，很快地就開始感到沮喪。」

這樣的答覆讓她停頓了一下，接著彷彿靈光乍現，用我從未見過的飛快速度在筆記本裡寫了什麼。她問我每次快樂的時間會維持多久，睡眠不足時有沒有影響；覺得快樂的時候，是否變得容易衝動，或者會加快講話的速度等等。她要我填寫新表格，進行一些更深入的心理分析，之後告知我，懷疑我得了雙極性疾患的症狀。我聽不懂這是什麼意思，只覺得一定很糟。

當晚我上網查詢什麼叫做「雙極性疾患」，發現它代表著躁鬱症之後，埋頭大哭。直到感到頭痛才停下來，枕頭上已經被兩眼的淚水沾濕一大片。之所以痛哭，是因為知道治療師說得沒錯，我的人生已經回不去了。幾週後她的懷疑被證實，我也被轉診到專門治療躁鬱症的精神病單位。有一整組專業人士負責我的病症，包含了一般科醫生、治療師、精神科醫師、職能治療師、社工和護士。他們開的藥，藥名長到我根本不知道該怎麼唸。那些藥讓我出現暈眩、雙手顫抖、皮膚出疹子，而且準備上床睡覺前還會幻聽等副作用，不過我的確沒那麼憂鬱了，這就是吃藥的目的。

覺得自己像個科學實驗動物，因為生病而受到所有人的關心，青春及個人隱私也相對地全被剝奪。我仍然和從前一樣覺得哪裡不對勁，只不過現在感到不對勁的地方有了名字，像是躁鬱症、廣泛性焦慮症、社交恐懼症、恐慌症之類的。因為這些錯綜複雜的病症相互糾結、彼此影響，結論就是我的問題「難以治療」。

這樣的診斷使未來人生勢必做出巨大改變，過去的我已經被終結，我為從前版本的自己哀悼。非常想念曾經安靜又乖巧的嬰兒版本的自己；充滿好奇心的學齡前版本的自己；就連極度沮喪十三歲的我也讓人懷念。

現在的「我」多麼希望能回到過去，告訴從前的我，自己並沒有問題，沒有做錯什麼事，也不是有所缺陷。經過那麼多辛苦的日子，讓我學習到很多事，更了解自己，以及每個人都該照顧好心理健康。不要被黑暗的想法和沉重的心情所吞噬，而要將它們視為需要做出改變、調適或者消化的提示；不要向內心想投降的呢喃雜音屈服，想辦法證明那些聲音是錯的。我的康復之路始於剖析並深入探查那些早已被棄置的心靈，那是十分緩慢的思想重新編程。對於患有精神疾病的人生已經容忍了那麼長的歲月，我一定也能找到復原過程所需的力量與勇氣。我多麼希望能將這本書交在她小小的手中，告訴她：「你看，你學到那麼多！在自我鼓勵下能夠完成那麼多事。看看未來版本的你，她真以你為榮。」

二十歲時我開通了Instagram帳號，分享在心理健康中的掙扎以及學習的心路歷程。除了宣洩情緒，不希望人生就此留白之外，也希望這些塗鴉能引起其他像我一樣在掙扎的人的共鳴。在虛擬的網路世界中，那是能讓我感到安全的小小角落。出乎意料，追蹤的人數快速成長，這樣的話題觸及到數十萬人。很多人留言給我：「這些內容就像我寫的一樣！」或者「你把我內心不知該如何描述的感覺寫出來了。」這些回應讓我明白，我的遭遇絕非自以為地那般獨特孤單。在決定繼續與人分享的同時，我也找到一個目的：幫助別人以及改變人們看待精神疾病的態度。

疾病曾經是我最大的侷限，因為它讓我覺得無容身之地。現在它成了推動前往新方向的動力，讓我展現出更好的自我，也讓別人看到這樣的改變確實會發生。曾經容易受傷與敏感是我最大的弱點，如今它們已經成為我的超能力。現在大多數的日子我都待在位於斯德哥爾摩的一處小公寓裡，除了藝術創作，也努力提升對心理健康、感覺及復原的認知。浸淫在過去從不曾感受的溫煦光芒中，感覺這個世界一天比一天更明亮美好。有些日子仍然烏雲密布，但黑暗再也不會將我吞噬，因為我已經鍛鍊出能適時拉自己一把的意志肌肉。

曾經在病症最糟的時候，我完全不認為有任何好轉的可能，現今的我會充滿喜樂與雀躍地在清晨甦醒。讓改變如願的所有事情，都記錄在這本小書裡。

【第一章】

我是不是
哪裡有問題？
(並沒有)

' Is There Something Wrong With Me? ' (No)

我到底怎麼了？

我們先來確定一件事：此刻你有什麼感覺？之所以拿起這本書，有可能是因為你覺得哪裡不對勁，或者為某位親密的朋友感到擔憂。我想向你保證，你絕非唯一有這種感覺的人，也無須覺得自己的經歷很怪異。做個深呼吸，伸展一下雙腿，別緊閉牙關，讓自己舒服一些。你準備好了嗎？

在從治療師口中得知「雙極性疾患」這個名稱前，我一直覺得自己只是「太敏感」、比較「喜怒無常」而已。為了弄清楚究竟發生了什麼事，並獲得適當的支援，讓我對於該如何幫助自己有了更多的理解。一旦為心理健康感到掙扎，所有圍繞著你的感受與思緒可能也會令人困惑。你也許不知道自己遇到了問題，也不知道協助就在不遠處等著你。

沒有人的心理健康狀況是完美的，每個人都可能發展出精神病症。那麼我們怎麼知道一些「正常的」悲傷或壓力是否會衍變成大問題？首先需要認識心理健康狀況衰退時會出現

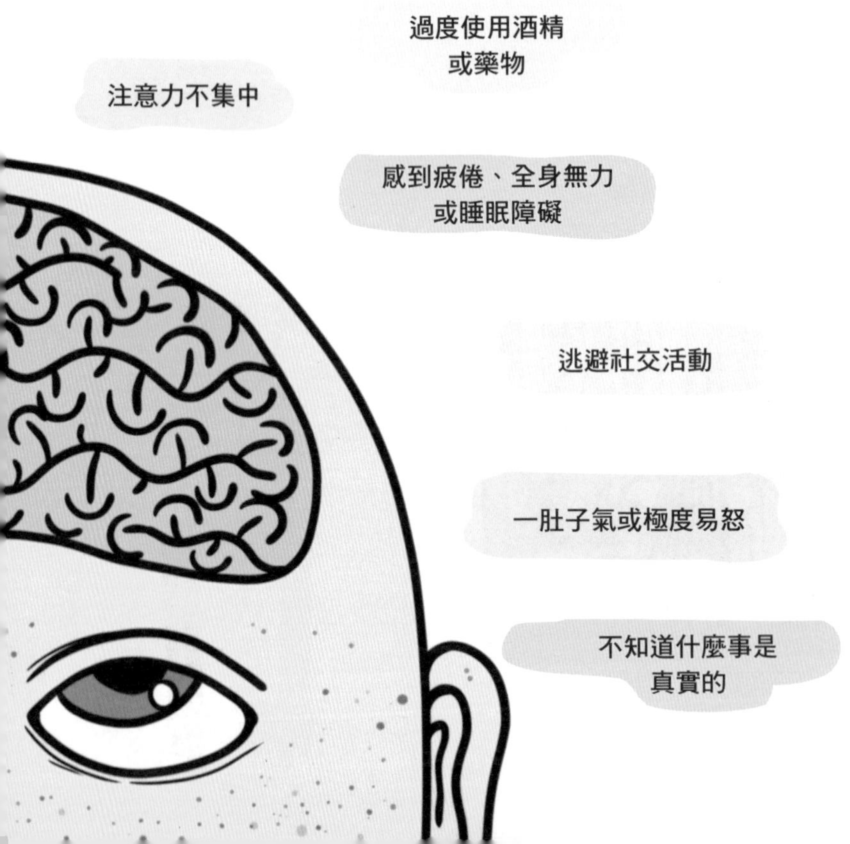

的常見症狀。愈快發現它們，就愈容易處理我們的感受。

看看下列症狀，並且問問自己：

- 你覺得應付日常生活中的壓力有困難嗎？
- 睡眠習慣有受到影響嗎？
- 飲食習慣改變了嗎？
- 覺得不容易集中注意力嗎？
- 開始逃避社交活動嗎？

我知道此刻對你來說並不好受，尤其是第一次經歷這些事的人。不過認知早期的警訊是讓感覺好轉的第一步。

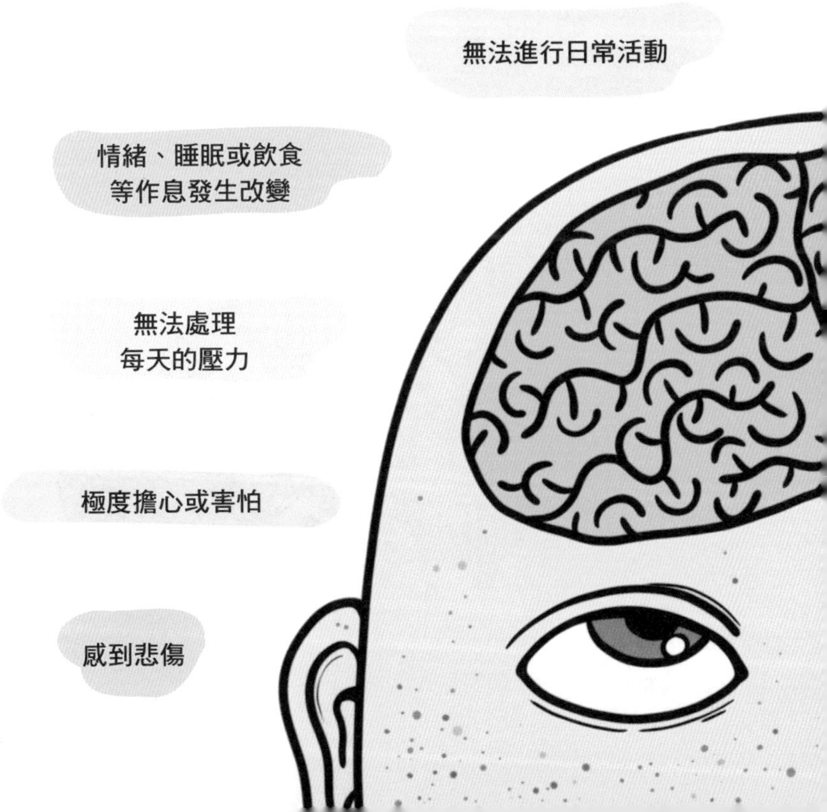

每個人都需要照顧心理健康

所謂的心理健康，涵蓋了我們的心理狀態、情緒以及社會幸福感。好好照護它非常重要，然而人們卻不見得優先考慮這件事。我想原因就出在大多數人都沒被教導應該這麼做。

第一次生病時，我覺得自己是個失敗者。直到最近才明白失敗的是這個世界，這個無法接納失能或生病者的世界。我常常想，如果不需處理因為注意力不足過動症帶來的組織能力缺乏和執行功能障礙、無法控制情緒造成的混亂，我的人生會出現怎樣的變化。很多人得不到足夠的心理健康資源與治療，許多人成長的家庭及社會都將

心理健康問題汙名化。相關的問題、擔憂或警訊都沒能獲得良好的處理。我們的社會並不是為養育集體心理健康而設立，反而讓問題變得更加嚴重。

首次被診斷出精神疾病不久後，就看到許多上了高中的朋友也開始出現問題。許多年僅十六歲的孩子已經感到精神耗弱或疲憊不堪，因為壓力太大最後只能轉學，甚至住進療養院。在職場上，也看過許多同事因為受不了壓力而崩潰，最後需長期請病假。我認識的許多人因為沒能善待自己的身體，不是出現飲食障礙，就是心理健康亮起紅燈，這類案例絕非少數。

上一代受到的創傷影響了下一代，分配不均的社會，惡劣的工作環境，學術上的高期待，健康照護管道的欠缺，再加上巨大的壓力，造成許多人為維持心理健康而艱苦奮戰，這樣的結果一點都不意外。所以我們永遠別忘記：如果你曾在追尋心理健康的路上遇到困境或掙扎，這都不是你的錯。

節奏緊湊的日常生活並沒有讓人們為照顧情緒留下太多空間。每天在責任與義務間忙碌，經常忘了多關愛自己。不過只要能在每天的固定時間，簡單地安排某種能帶來療癒的運動，或者進行正念活動，有意識地覺察自己的感受，漸漸地就能養成強化心理健康的習慣，即使在一帆風順的日子裡也能從中受益。我們的心理健康狀態就像能快速變形的液體，可以將它塑造成一套可靠的應對工具，成為面對掙扎奮戰時的穩固基礎。嘗試不同的自我照護策略，找出最有效的方法，就像是布置你的生活空間一樣，一點一滴地裝飾它，直到將它建構成一個可以安心休憩、創造、對話，並且能自由自在地活動的地方。大腦就是我們永恆的心靈之家，依據自己獨特的需求與喜好，打造出一個與眾不同的世界。

精神疾病是什麼感覺？

儘管針對精神疾病已有診斷手冊可作為依據，但每個人所遭遇的精神困擾，絕對不是在幾個欄位裡打勾就能呈現出來。正如每個人的指紋都不相同，因為個性、成長文化以及日常生活方式的不同，造就了每個人獨特的經驗。然而所有心理健康障礙都有個共同點，就是會日復一日地對生活造成負面影響。有四分之一的人在一生中曾遇過生理健康狀況不佳的情形。如同身體一樣，心理的健康狀況也會有好或壞的起伏變化。關注自己的心理健康能避免它出現病況而不自知。

對我來說，精神疾病會阻礙和窄化一切事物。當我的病情變糟時，就會出現更多限制與障礙，使得與其他人之間的距離愈來愈大。任何一件小事最後都會變成不可能完成的任務，而我的精力就像洩了氣的氣球漸漸乾癟。就連閒暇時的嗜好活動也變成壓力來源，需要耗費很大的能量才能進行。感覺自己正一點一滴地迷失，不遠處的厄運逐步逼近。就像吹熄了生日蛋糕上的蠟燭，許下的心願只是希望能上床睡個覺。我像個混雜了一堆精神病症的囊袋，裡頭裝滿偏執、妄想、小題大做、絕望無助、麻木、創傷壓力、停不下來地胡思亂想，一旦發作就陷入永無逃脫之日的無盡輪迴。

有些人完全低估精神疾病為某人帶來的損失，因為它根本無法量測。我形容它就像陷入流沙中，不僅是被淹沒的窒息感，當不斷掙扎想從中逃脫，卻只是徒勞無功地耗盡精力，更會摧殘人的意志。想活下去，如同身陷流沙中，你必須往後靠，往後躺向流沙中，接著呼求他人的協助並且接納援手。這麼做能讓你保持漂浮，即使有時覺得自己似乎快被吞噬。

曾經有許多年我都深陷流沙中，幾乎快被壓碎，直到漸漸學會應對的技巧，以及來自他人的連結與鼓勵，藉由這些幫助才讓我有能力脫身。雖然有時不小心又會再次滑倒，但一次比一次更容易逃脫。

沮喪的感覺就像……

我想嘗試新的事，
但就是提不起勁

我希望能
讓自己變得更好，
但覺得根本辦不到

我想說服自己
情況將會好轉，
卻看不到任何可能的
機會

我渴望獲得
來自他人的愛，
但不覺得我值得被愛

我想尋求協助，
卻擔心我是個累贅

我想去做些喜歡的事，
卻找不到任何能讓我
感興趣的事

我想把事情搞定，
卻找不到動機

我想快樂一點，
但是快樂
又有什麼意義？

仍然覺得不快樂

為什麼我在哪裡都不快樂？

我不快樂

在這裡也不快樂

精神疾病是什麼模樣？

有時候談到自己焦慮和沮喪的經歷時，常會看到別人臉上露出疑惑的表情。他們上下打量了我一番，接著皺眉說：「哇，完全看不出來呀。你看起來不像焦慮的樣子；你看起來並不沮喪呀。」對我來說，給人的第一印象很重要，所以過去那些年，我十分擅長裝作快樂的樣子，認真地工作，希望讓周遭的人感到安全與快樂。焦慮有時會被人認為只是不感興趣或者害羞，沮喪也很容易用其他藉口掩飾搪塞。例如「我只是因為睡眠不足，覺得有點累。」既然精神疾病是一種不願被公開的混亂思想及行為組合，自然就不容易引起他人注意。一方面是許多精神問題的表現非常細微隱密，另一方面是擔心開誠布公地告知自己病症的後果不如期望，因為害怕而刻意偽裝。

對於不了解精神疾病的人來說，會將精神病視為軟弱、有破壞性、誇大愛演、尋求他人關注，或者危險的同義詞。我曾經把患有躁鬱症的實情告訴一位雇主，之後他打電話給我，表示先前就想炒我魷魚，之所以沒那麼做，是擔心我會想不開而自殺，落得和他一位同樣患有躁鬱症的朋友一樣的悲慘下場。在這件事發生後，我再也不曾向任何同工作領域的人透露自己的健康情形。前雇主對我的看法徹底地改變了一些事，雖然我本身並沒有變，還是和以前一樣地認真工作，但是先入為主的成見，扭曲了他對我的看法。因為有毒的職場環境，最後我離開了那份工作。

對精神疾病先入為主的看法，嚴重妨礙了心理健康的正常發展。若想讓精神病患卸下與疾病奮戰的心防，我們需要的是抱持著同理心去接納，而不是恐懼或偏見。前雇主一定不知道世界上有多少人患有躁鬱症，這絕不是少數人才會得到的罕見病症。只要認識愈多具有不同生活經驗的人，就會理解每個人大腦的運作模式都不相同，因而更能接納人們與自己的差異。敞開心門是件可怕的事，然而只要周遭環境是安全的，充滿能被信任的可傾訴對象，精神疾病就不再像是房間裡的可怕巨獸，人們願意談論它。因為它可能發生在任何人身上。

焦慮可能是這副模樣

社交尷尬，
害怕社交活動
強烈的
恐慌症
一副沒安全感
的樣子
無法參與
和其他人的活動
害羞
且安靜

也可能是這副模樣

隱藏內心的
恐慌發作，以至於
外觀看不出來
刻意盡量
參與社交活動
用逃避現實
來分散注意力，
因為內心的想法
實在難以忍受
盡可能避免
可能觸發焦慮
的事物及場合

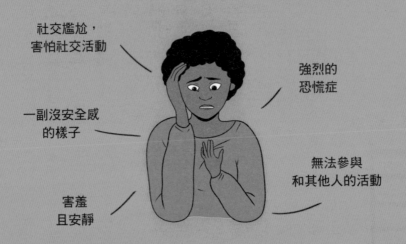

沮喪可能是這副模樣

明顯的悲傷
或低潮
整天死氣沉沉
地臥床不起
封閉自己
無法工作或
應付日常生活
瑣事
清潔衛生不佳，
蓬頭垢面

也可能是這副模樣

刻意表現出幽默
努力地
想讓大家都開心
表面上
做些有趣的事，
實際上卻無法
樂在其中
壓抑自己的感覺，
不想成為
別人的負擔
不停地工作
或做家務事
好保持忙碌

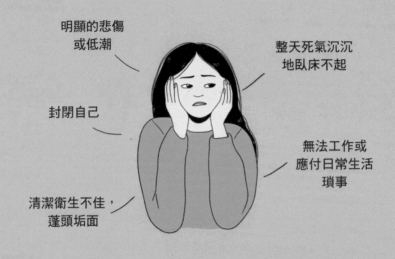

心理感受並沒有對錯

——你怎麼了？

當人們問起你的感覺如何，你總是本能反應地回答「我很好」，然而事實上你一點都不好。

人們很少會表露出自己最真實的感受，因為坦白地展現出負面情緒的舉止，會讓人覺得失禮。獲得群體的支持對於康復非常重要。想想看能否邀請什麼人與自己共組一個團隊，例如某位朋友、線上的群組、輔導員、監護人或親戚，或者是曾有類似經歷的某位同事。建立與他人的連結將可造成截然不同的效果。有時候我們甚至會欺騙自己，因為面對那些感受太過痛苦，生活中還有其他必須處理的工作，以至於我們會逃避自己真實的感受。在有所認知之前，我們時時刻刻都背負著未被化解的傷痛度過每一天，並且變得愈來愈沉重。

所以你真的好嗎？答案絕對無關對或錯，也沒有什麼難以啟齒，或者表現得太脆弱的事。此時此刻的你好嗎？

問問自己

我現在有什麼負擔？

我是否在壓抑什麼感覺？

此刻的我是否基於任何原因
而感到羞愧或罪惡？

過去是否曾發生什麼事，
每當想起時心中就激起一陣擾動
或覺得受傷？

此刻我的憂慮是否已經造成身體上
緊繃的壓力？如果有，在什麼位置？

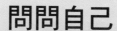

讓我們旋轉這個轉盤！！

工作壓力
對世界感到氣憤
氣自己
從前的創傷
心裡深處的負面思想糟透了
精神疾病
財務問題
忘了吃藥
感觸太多了
??????
內疚
荷爾蒙問題
拿自己和他人比較
慢性疼痛
現今的世界爛透了
一般生活壓力

為何我有
這些感覺？

尋求幫助沒有任何問題

如果要用一個最貼切的詞來描述我的心理健康之旅是怎麼開始的，那一定是：極盡崩潰。有些事不對勁，現在該怎麼辦？我該去哪裡？要說什麼？可能發生什麼事？這一大堆問題就是青春期的我需要去搏鬥的事。

即使在最需要得到他人協助的時候，仍然有許多原因讓我們難以開口請求幫忙。因為不知道會得到怎樣的回應而害怕，或者擔心別人對自己的觀感；也許難以承認自己竟然需要幫

家裡亂成一團，
我覺得快要抓狂崩潰了。
你能過來幫我一下嗎？
接下來我才有辦法準備晚餐。

治療師要我多到外頭走走，
不過我實在沒什麼動力，
你願意過來陪我一起嗎？

這件事把我弄糊塗了，
你的理解能力向來很好，
能解釋一下給我聽嗎？

我能對你吐苦水嗎？
我需要一些支持。

我感到十分掙扎，需要幫忙，
你能不能幫我尋找一下
與處理精神問題有關的資源？

忙，或者感到困惑及焦慮。請求協助讓人感到難為情，因為這麼做會顯現自己的脆弱或者不再具有掌控權。因為不希望被人看到無能為力的時刻，我們寧可表現獨立且不需要別人的幫忙，殊不知所有人類都有需要幫忙的時候。我們需要其他人，無論是獲得支持或者社交上的連繫都是人類的基本需求。人生不見得事事順利，有時甚至讓人崩潰，一旦狀況不佳時，就連洗碗這種簡單的工作，或者預約什麼事，似乎都變成不可能的任務。好消息是大多數人都樂於幫助別人。

打算尋求幫忙時，最好不要抱著

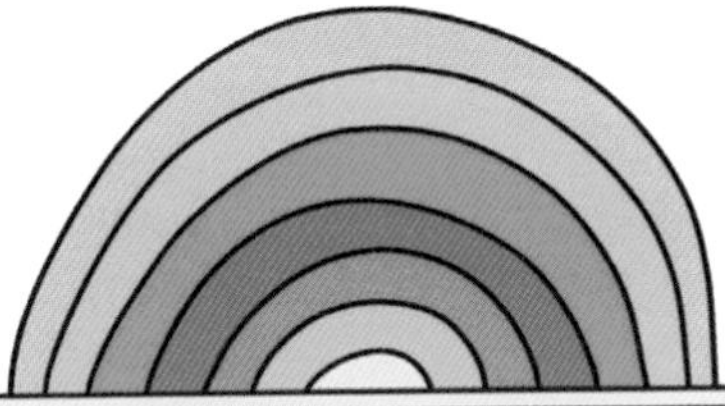

如果你無力支付治療費用

你可以從以下管道得到協助：

- 健康保險或當地的健康服務機構
- 線上治療或諮詢療程（有些治療師針對線上治療課程提供優惠折扣）
- 社會人士可詢問工作單位的「員工協助方案」(EAP)，學生除了向學校諮詢外，有些治療師也提供學生優惠治療費
- 心理健康機構和慈善機構
- 如果有特定信仰的話，可向宗教團體諮詢

如果以上管道都不可行，請盡可能向朋友、家人、醫師以及可靠的線上資源、書籍和應用程式等途徑尋求協助。

「請別人幫忙讓我感覺糟透了」這種心態展開對話，因為根本沒有理由覺得這麼做是錯的。現今社會或許推崇自立自強，但是經歷過幫助他人以及得到他人幫助的人生才算是完整。幫助的方法有各種面向，有時需要的僅是願意傾聽的耳朵，有時是務實的忠告，也有可能需要別人協助處理你的日常生活。

這些協助可以來自你的朋友、家人或伙伴，有時候則要獲得專業人士的幫忙。需要醫師或治療師的協助時，別因為害怕而不敢跨出第一步。別煩惱不知道該說什麼，或者擔心接下來會發生什麼事，因為他們能幫助你面對一切。

我想活著，但此刻我不想存在

接下來的幾頁將要討論有關自殺的念頭，以及我曾想輕生的案例。我覺得有必要討論這個話題，但若對你來說，此刻尚無法面對它，請先跳到第58頁。

當經歷顛簸坎坷的人生，或需處理沉重且難以面對的感受時，我總會幻想若能陷入一段很長的深度睡眠該有多好。因為麻木無意識而不再有情緒上的傷痛，事實上，任何感受都不會困擾我。如同按下暫停鍵，當再次甦醒時，感覺溫暖且精神飽滿，過去所有的混亂紛擾再也與我無關。然而我知道這種事絕不可能發生，幻想無濟於事。

談到自殺這件事會讓很多人感到不安。除了恐懼外還有誤解。大多數人會認為自殺是一種選擇，因為不想活所以選擇自殺。然而在絕大部分案例中，我認為自殺者並非真的想死，只是想逃避那種逃也逃不掉，但再也受不了的折磨痛苦。探討自殺這個話題前

謠傳	事實
討論自殺有可能鼓勵有自殺念頭的人真的這麼做	關於自殺的討論非常重要，這能讓人知道你願意傾聽並且提供協助
自殺這件事只會發生在心理健康有嚴重問題的人身上	許多自殺案件都是因為生活壓力而誘發，它可能發生在任何人身上
不管我們怎麼防範，想死的人都會找到自殺的辦法	自殺的念頭多半是臨時性的，只要及時介入就可挽救一條生命
說要自殺的人只不過想引人注意	引人注意的行為應該被視為尋求關照的表現，需要認真看待

必須摒棄「自私」以及「自我選擇」這類想法，因為我們並非討論道德或個人責任。自殺是造成生命終結的原因之一，需要嚴肅地看待它。

我有自殺的經驗。十七歲時的我過得非常煎熬，服用處方藥物的結果讓世界變得支離破碎。我出現思覺失調，變得焦躁不安。剛開始時感到有些偏執與不真實，那種感覺很快地就轉變成被害妄想症，時時刻刻都覺得每個人以及任何事都會傷害我，心驚膽跳地度過每一天。我的眼角餘光瞥見幽暗身影，它伸出長長指甲的手，想要抓住我。腦袋裡一片混亂，旁人看到狂躁的我，還以為我很快樂，非常積極。因為害怕會被送往我不想去的地方，所以沒有把自己的感受告訴任何人。何況一旦向外尋求協助，就等於表明真的有這些問題，這是我絕對不願意承認的事。如果同樣的情況發生在現在，我會立即向外求援。但當時的我根本不曉得自己的精神問題已經是個危急症狀，也不知要如何說服自己面對它。

有天晚上我的情況非常糟糕，完全無法入睡。於是一口氣把接下來幾週內要服用的藥物全部吞下肚。接下來發生的事，只剩下模糊不清、雜亂零星的片段印象。兩位警察在墓園旁的馬路上發現打著赤腳，語無倫次的我，緊急把我送往醫院。我的眼前一片漆黑，範圍愈來愈大的黑暗將我吞噬，彷彿厄運即將降臨。我從床上被人攙扶起來，並強迫餵食活性碳，以便將胃裡的毒物吸附掉。我永遠忘不了活性碳的味道，還有粗糙顆粒通過喉嚨時的感覺。

等我清醒後，發現手臂上打著點滴，床邊站滿了臉色蒼白的家人，他們的臉上從不曾出現如此傷痛的表情，讓我感到萬分焦慮害怕。之後在浴室的鏡子前看到自己的模樣，根本認不出那個人是誰。嘴角及牙齦間都是乾掉的活性碳，紅通通的雙眼布滿血絲，嘴唇龜裂皮膚斑駁。「你到底幹了什麼事？」一股尖銳刺耳的聲音不斷迴旋在腦海中。

在那次自殺事件後，我和家人並沒有繼續談論該話題，我不知道該如何解釋事情到底怎麼發生的。只知道我在自己的人生中投擲了一顆原子彈，而且所有家人都受到波及。周遭所有人都戰戰兢兢地對待我。接下來數個月間，母親堅持要替我保管所有藥物，我答應了她，只為了讓她感到安心。如果沒有告知任何人而突然想外出走走，父親一定會開車在附近兜圈子，好確保我沒發生什麼意外。

瀕臨死亡的經歷對我造成嚴重的打擊，心中也出現深切的罪惡感。多年之後才有辦法在接受治療時談論那件事，而且花了更久的時間，直到開始原諒自己，不再抱持著長期以來的羞愧感，才有辦法接受該創傷的真實性。

我從來沒想過能從那次創傷中走出來，但是藉由他人的協助，我表現得愈來愈好。

這正是為何我覺得認識自殺很重要，因為它與每個人的生活都有關。談論並不代表邀請它到來，而是讓我們先做好準備，一旦摯愛的人需要幫助時能及時伸出援手。即使到了現在，在一些情緒極度煎熬的時候，偶

閱讀曾經從自殺念頭中
存活並且康復者
的人生故事

請記得，企圖自殺後
感到釋懷、失落、羞愧
或氣憤等情緒
都是正常的

應該更努力地關愛自己，
沒有任何事比復原更重要。
專注於自己
的康復

親自參與或加入線上的
支援團體

找出一些讓自己感到
舒服的事物，無論是
兒時最喜歡的填充玩偶、
老照片或者喜愛的
甜點等東西，建立一種
處理情緒的應對模式

找專業人士
或信任的人談談想自殺
的企圖

擬訂緊急應變計畫，事先想好
萬一將來發生狀況時要連絡誰，
需要哪些物品，或者可以去
什麼安全的地方等事項

試著學習新的東西好讓生活
變得更充實豐富，
像是培養新嗜好或參加課程

爾想自殺的奇怪念頭仍然會浮現在心中，還好有許多方法幫助我度過那些時刻。「接地」和「自我安撫」技巧非常有幫助，我們會在第142頁進一步討論它們。提醒自己當下的感覺只是暫時性的，如果真的自殺離世，那麼就會錯過世上所有美好的事物。這些想法能讓人保持理性。我認為防制自殺很重要的一件事，就是在面對壓力的同時，有意識地喚醒日常生活中其他的美好事件，以及對於未來的期望。

企圖自殺過後

想想未來有什麼事值得期待，
就算只是
叫什麼外賣食物吃，
或者幾週後上演的新電影等
小事也無妨

不要自我封閉，
試著連絡朋友並保持
彼此的關係

花點時間消化這些
不舒服的感受，
想辦法對自己更好一些

盡可能減少日常生活
的壓力

找出產生自殺念頭的根源，
問問自己：
・第一次出現這種想法是
什麼時候？什麼事情觸發該念頭？
・什麼事讓我覺得好一些？
什麼事造成惡化？
・能否做些什麼事，
或者得到怎樣的幫助，
好讓我的生活更平靜？

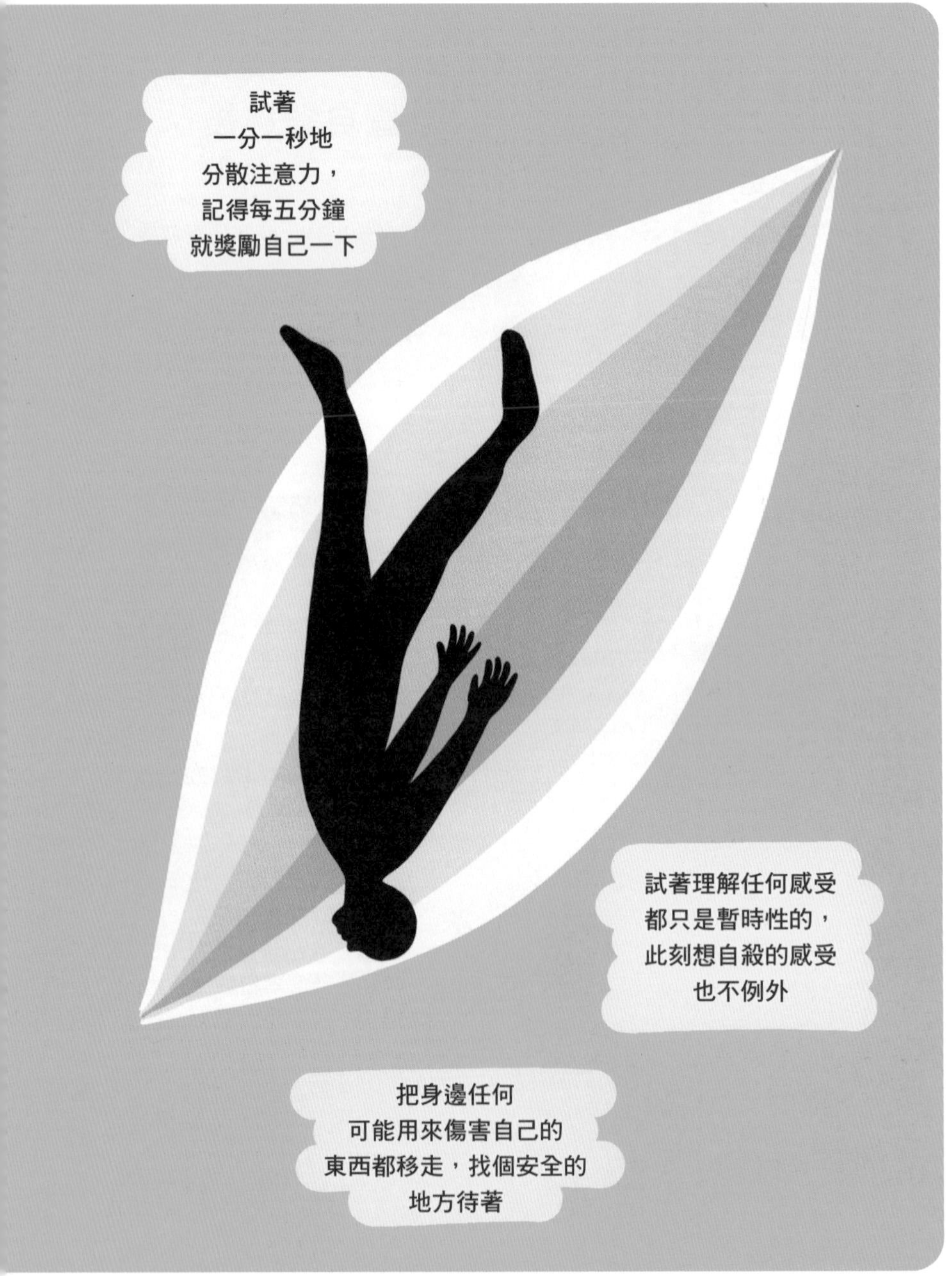
試著
一分一秒地
分散注意力，
記得每五分鐘
就獎勵自己一下
試著理解任何感受
都只是暫時性的，
此刻想自殺的感受
也不例外
把身邊任何
可能用來傷害自己的
東西都移走，找個安全的
地方待著

如果出現自殺念頭

如果立即需要
幫助，撥打緊急
救援電話

坐下來，
把自己的感覺寫下來。
把喜愛的事物，
或者將來某一天打算
做的事寫下來。
也可以寫一封給
未來自己的信

走出戶外，
感受陽光
照在肌膚上
或者風吹過
的感覺，
試著與
周遭的
世界連結

弄些愛吃的
食物及飲料，
想辦法讓自己
舒服些

把感受告知某人，
例如家人、好朋友
或生命熱線等

試試看
自殘式的應對技巧，
例如撕毀什麼東西
或者沖淋冷水

穩定呼吸，
專注於自己的感官，
讓思緒沉靜下來

那些藏在身體裡的創傷

接下來的章節要討論我被性侵的遭遇，以及曾親眼目睹的意外事件。這些經歷對我的心理健康造成重大影響，因此決定探討它們。如果你不想閱讀，可以先跳到第69頁。

提到創傷，大多數人直覺地會將它與戰爭或天災等事件後的浩劫餘生聯想在一起。事實上創傷發生的機會遠比你所認知的還要常見。像是經歷離婚、精神受傷、突然失去所愛的人，或者孩提時代目睹家庭暴力事件等都會造成創傷。幼年時受到傷害，即使成年後仍受其影響。有一種問卷調查叫做「童年逆境經驗」（ACE）量表，有著較高童年逆境經驗值的人，比一般人更容易在藥物濫用、慢性憂鬱症、毒性壓力，以及其他更多類似的問題中掙扎。曾經經歷創傷事件後，未來出現心理健康問題的機率也會增加。因此回顧過往人生，找出是否還有什麼尚未痊癒的創傷，可能對現在的自己造成干擾，是一件非常重要的事。

因為創傷，導致我對於二十歲前的印象十分模糊。十七歲時已經接受了多年治療，正覺得狀況相當穩定而產生信心，卻慘遭性侵害，為復原之路帶來另一大考驗。當時我前往參加一場音樂嘉年華活動，事件發生時根本沒意識到那就是性侵，相信很多人都有類似的經驗。企圖要保護自己的大腦，把那段被侵犯的記憶埋藏在意識深處，模模糊糊的夜裡，在青少年醫院就診時又受到二次傷害。日子就這麼過了，直到交往的第一個男朋友對我說：「你知道的，如果不想發生性行為，你可以直接拒絕。」他的話瞬間讓那段往事從心底湧現。處於安全狀態下的大腦終於明白被封存的記憶發生了什麼事，以及它有多麼可怕。然而因為覺得難以啟齒，繼續把那件事藏在心底。

未癒合的創傷會讓人……

對自我價值感到低落

刻意保持忙碌
好逃避傷痛

過度依存人際關係

容忍粗暴無禮
的行為

害怕被拋棄

抗拒積極
的改變

為遷就他人
而忽視自我需求

對於
將要發生的事
總是感到恐懼

渴望外在的認同

無法劃清界線
好堅守自己的權益

牢不可破的羞愧感

無法忍受衝突爭執

你的創傷確實存在，即使你……

從未告訴任何人

那是發生在
很久以前的事

已經
記不得
完整的事件

起初並不知道
那是創傷，
隔了一段時間後
才明白

別人不相信你

你的人生
並沒受到威脅

現在已經覺得
好多了

知道
有其他人
比你更慘

並沒有造成創傷後
壓力症候群

當那晚所受的創傷從潛意識被喚醒的同時，也讓我繼續為它付出代價。我開始節食，彷彿這麼做能讓自己完全縮小直到消失不見。那些年之間唯一不斷擴大的，只有對男性的恐懼。

多年後，封存的記憶因為目睹一件致命的交通事故又再次被掀開。那時我和男友正開車在美國旅行，造成極大衝擊的印象和先前的經驗截然不同，被性侵的片段記憶如同置身迷霧幻境中，而此刻的影像清楚得有如白晝，幾乎向前跨一步就可進入畫面，重新經歷一次當時的情景。

傍晚時我們停下車在路旁抽菸。突然聽到不遠處傳來巨大聲響，以為是槍聲，所以趕緊躲回車內。繼續上路沒多久，就經過一輛側翻在路上的車。男友並沒有停下來查看，只是安撫著說救護車就快來了。但是我看到車裡發生了什麼事，什麼都來不及了。

接下來的路途中，只要一閉上眼睛，剛才發生的血淋淋車禍畫面就會出現。即使旅行已經結束，日子又過了許久，我仍持續在每個夜裡做著惡夢，夢見鮮血直流的屍體和四處散落的玻璃碎片，精神極度耗弱地從夢中驚醒。之後只要一坐上車，手腳總會感到刺痛和麻木，心臟大聲地跳動著，甚至能聽見自己的心跳聲，喉嚨也感受到脈動。被性侵的記憶開始浮現，我奮力地和潛意識對抗，卻無力將它再度封鎖住，只能持續地感到恐懼與焦慮。

幾個月之後，醫院為我安排了一位新治療師，沒多久就診斷出患有創傷後壓力症候群。

我很努力地學習不同技巧好幫助自己康復。為了面對社交恐懼、克服對於社交活動而產生的焦慮，我接受了一些認知行為學療法。因為只有正面迎戰讓自己感到害怕的事才能不再懼怕，所以必須這麼做。

害怕坐車，於是經常要求家人或朋友開車載我四處繞繞。害怕男性，所以試著多去了解男朋友的男性伙伴們。有時候甚至會鼓起勇氣，向陌生的男性問路或問時間。

我想把自己的創傷寫下來，努力地想起所有細節，並一頁一頁地將它們記錄在筆記本裡。除了按照順序寫下事發始末，也會紀錄對於這些經歷的想法。把它們寫成詩或者有旋律的歌曲。用髒話將被侵犯的憤怒寫出來，再摧毀它們。如果獨自在家，我會大聲地把那件事從頭到尾喊出來，一遍又一遍。

許多對於創傷的治療法都強調需不斷地回憶起該事件，好讓它所造成的情緒傷害強度逐漸降低。關於創傷的記憶並不像一般生活中的記憶，因為它十分混亂且支離破碎，所以無法像回想起日常生活中某些事情般地回想起創傷，我們需要再次重現它。創傷的工作幫助我們吸收及重整那些記憶，重建出遭遇的起始、過程及結束，好讓神經系統弄清楚「那些事已經過去了，現在是新的開始」，而新開始的每一天都很安全。

在努力修復創傷時，其他小事件也意外地浮現出來。像是早已忘卻的小傷痛，或者一些沒有意識到造成傷害的經歷。例如小時候在學校受到霸凌；努力地找方法克服慢性偏頭痛發作時的劇痛；年僅十二歲的朋友企圖自殺，而我是她唯一的支柱等。孩提時的經歷看似已經過去，其實仍埋藏在內心深處，曾經受到的傷害及苦惱，仍不時化為壓力和痛苦發作出來。

創傷的力量非常巨大，它甚至能改變基因，影響到後代子孫。這種現象被稱為「代際創傷」，影響力絕對不容小覷。

我一直有寫日記的習慣，與同伴和治療師討論自己的狀況，保持面對恐懼的練習，以及學習應付傷痛的方法。盡量避免某些可能觸發負面情緒的事情，例如含有性侵情節的影片。可以利用 unconsentingmedia.org 或者 doesthedogdie.com 這類網站搜尋相關劇透，以便過濾電影、電視和書籍中的劇情。用更多耐心與包容對待自己。經過七年的努力，我自認為已經從創傷後壓力症候群中走出。經歷創傷的回憶仍然痛苦，但我已經不再會因它們癱瘓，不再被恐懼感制約。將來有一天，我想和朋友再次參加音樂嘉年華活動，也許還可以嘗試取得駕駛執照。

如果你正被未解決的創傷所困，有許多方法能讓你幫助自己。有時候讓感覺變得更好的方法不見得是計畫中的事。我嘗試過很多有幫助的方法，這裡先列出我認為最有效的幾種方法：

・治療：例如眼動減敏更新療法（EMDR）、神經回饋訓練、創傷知情表達藝術治療等方法，都廣泛地用於幫助處理創傷。

・修復瑜伽：能幫助經歷創傷後的神經系統復原。

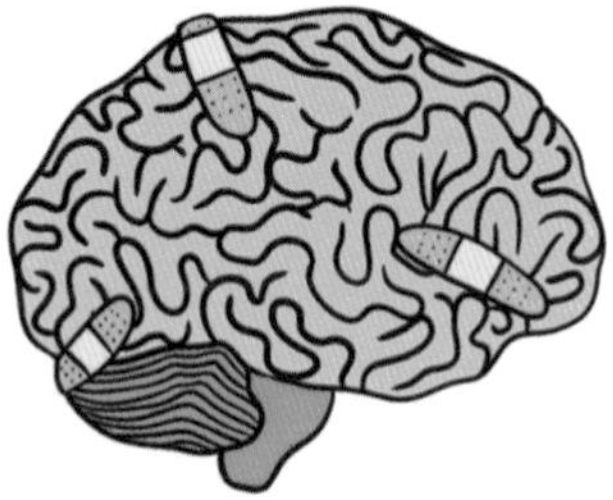

・呼吸運動：藉由有意識的緩慢調息，來活化副交感神經系統。它與休息及消化有關，能幫助人們釋放壓力。

・閱讀論壇、書籍和聽廣播節目：參與和創傷有關的論壇，閱讀相關書籍或收聽廣播，能讓我感到獲得經歷同樣遭遇的群體的支持與歸屬。對我來說，閱讀《心靈的傷，身體會記住》（大家出版）這本書特別有幫助，它讓我漸漸從創傷中釋懷。

請記住，你可以向外尋求協助。因為目睹可怕的死亡車禍事件讓我受到打擊，不得不向外求援。它又繼續揭露了過去沒能好好處理的舊傷。千萬不要輕忽自己的遭遇，如果某件事讓你感到受傷，儘管只是覺得「或許」需要別人的協助，請務必找人談一談。不要讓這次的創傷再發展成另一個創傷。

以下方法能修復創傷

要記住感受
沒有所謂的對或錯

試著重新建立
一種常規感

藉由運動
與自己的身體重新連結，
四肢動起來，
試著做些有節律的運動

閱讀書籍，
尋找與創傷相關的
資訊和處理方法

尋找能夠
健康地表達憤怒、悲傷或
麻木等情緒的方法

依靠自己信任的人

傾聽其他有類似經驗者，
戰勝創傷的故事
和修復歷程

給自己多一點時間痊癒

——你沒有壞掉

在面對不佳的心理狀態時，很容易感到孤寂。覺得自己病得不輕，意味著因為與他人格格不入和怪異，所以需要隱藏內心的混亂。但是將感受明確地表達出來後，我居然發現身旁許多認識的人都有相似的感受或經歷。誠實地把自己遭受的痛苦說出來，無論它多麼令人感到羞愧，對我來說都代表開啟一扇需要被理解之門。

如果沒被正確地教導如何表達內心煎熬的感受，或者不允許展現它們，那種羞慚或恐懼的心態就會伴隨人成長。忽視或淡化自己受創的遭遇，只會讓它不斷地徘徊並惡化。處理感受的第一個步驟就是認知到它的存在。即使不清楚自己的處境是否嚴重，向外尋求幫助仍然非常重要。只要覺得困擾或者受傷，就足以重要到必須面對它。缺陷、壓力、悲傷，或者生活中任何難以面對的感受，一旦缺乏處理它們的方法，不

知該怎麼做而感到掙扎抗拒，很容易讓人覺得自己壞掉了。如果能給自己多一點時間，願意開口尋求協助與支持，更有耐心與慈愛地對待自己，任何人都能學會讓感受變得更美好的藝術。讓高低起伏的情緒，隨著時間流動而慢慢癒合。

請記得……

每個人都需關照自己的心理健康

·

不同人所呈現出的精神病症
及感受都不相同

·

要留意你心理健康惡化時
發出的警訊

·

你能克服自己的創傷

·

一旦有需要就開口尋求協助

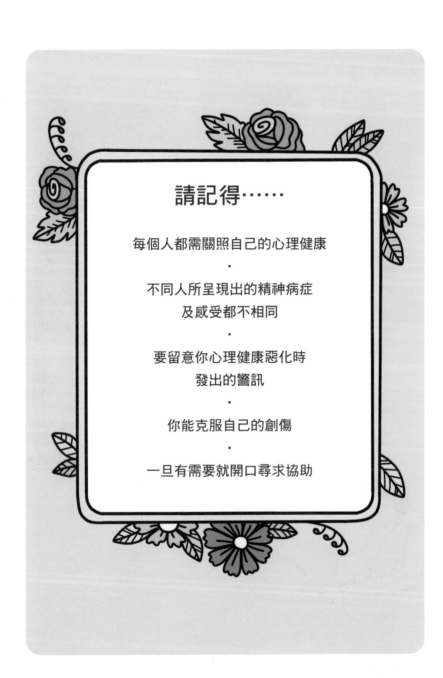

【第二章】

我有可能好轉嗎？(絕對可以)

' Well I Ever Get Better? ' (Yes)

嘗試簡單的放鬆練習

——所有辦法我都試過了，全部不管用！

十六歲的我已經開始接受規律的治療，同時查詢大量心理學以及大腦的資訊，尤其是和自己病症相關的部分，非常執著地想找出治療的方法。媒體與流行文化下的精神病患劇情（只要不是連續殺人犯），總會在人生低潮時幸運地得到最有效的治療方法，然後在漂亮的蒙太奇畫面剪輯下，「唰」的一聲發生重大轉變，在片尾字幕還沒出現前就已經完全被治癒。然而對於已跌到人生低谷的我來說，什麼時候才能發生這種神奇轉變呢？

我幾乎試遍所有方法，包含談話療法、職能治療、認知行為治療、團體治療，以及服用抗憂慮藥、安眠藥、抗精神病藥和情緒安定劑等。令我感到恐懼的是任何方法都無法即時地發揮療效，反而像是處於地雷區一般，必須從大腦各個角落挖掘被隱藏的情緒。無法分辨自己的病情到底有沒有進步，但是從治療師給出更多診斷名詞這一點來看，我覺得病症應該是變得更糟了。

就在那個時候，我發現了線上健康睦鄰社團，主事者大力鼓吹戒斷飲食，健康地吃再加上做運動，就能讓心理變得更健康。他們打著正向的口號，像是「好日子和壞日子的差別就在於你的態度」。有一幅廣為人知的圖片，畫面上半部是一座森林，下半部是一堆藥丸，在森林的部分標注著「這是抗憂慮藥」，而藥丸部分則寫著「這些是垃圾」。這讓我幼小的心靈留下深刻印

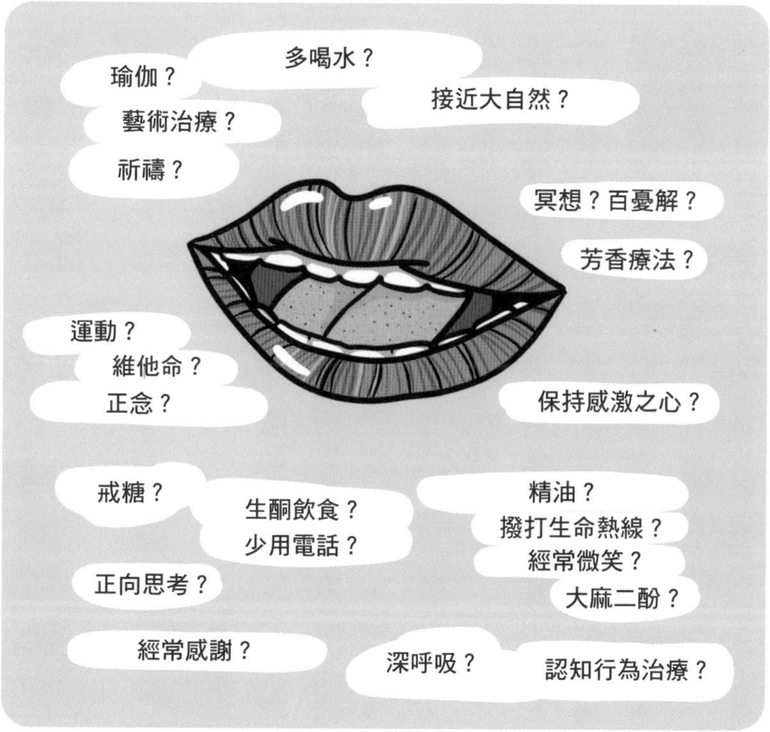

象，並開始懷疑精神病學：難道我所吃的藥真的是垃圾？是不是因為我的態度不夠正向積極，所以才會感到沮喪？還是缺乏對神明的虔誠信仰？我的個性不夠外向，那麼是否該放棄服藥，改走多親近大自然的路線？

精油、維他命或者能振奮人心的雋語口號，比起先前所接受的密集治療更為簡單容易，也不會讓我感到焦慮和極度脆弱。於是開始練習瑜伽，研究百萬富翁的日常生活習慣，同時服用多種維他命。然而你知道嗎？我仍然沒找到能造成神奇轉變的方法，病情自然也沒有好轉。

問題不在於我做錯了什麼事，而是用了不切實際的方法對復原產生期望。我以為自己的情況就像得了感冒一樣：生了病，接受治療後，然後康復得好像什麼事都不曾發生過。精神健康的問題複雜多了，我從不認為有哪一天是值得慶祝的日子，因為它遲早會結束。坦白說，在完全放棄需要百分之百被治癒的念頭，並且想辦法對每天的生活感到愈來愈滿意之前，我的病症絲毫不見起色。如果不再有必須消滅任何精神症狀的壓力，無論進步了多或少都給予鼓勵慶祝，結果會有什麼不同？症狀能進步兩成就太好了，萬

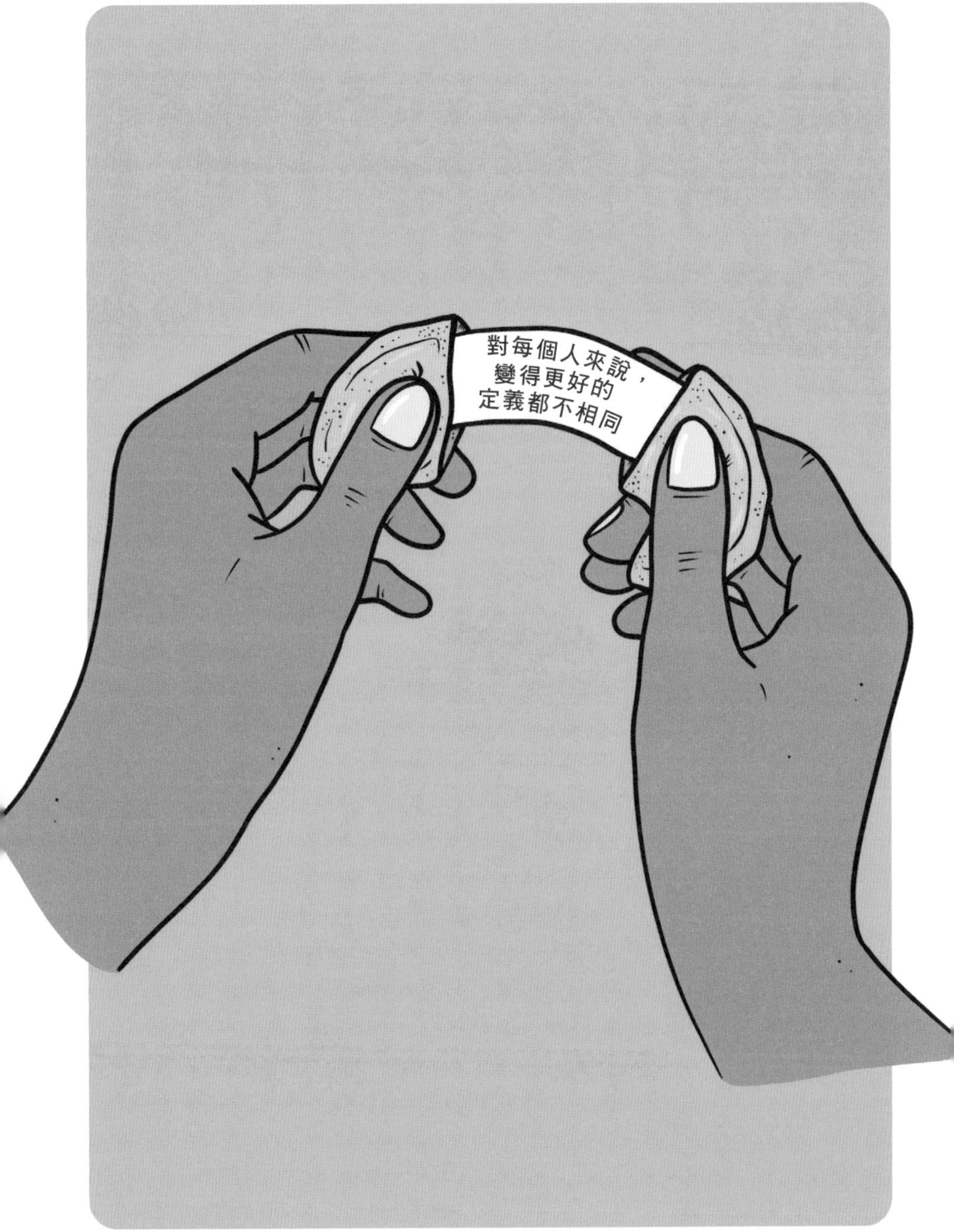
對每個人來說，
變得更好的
定義都不相同

一進步五成豈不是更讚？為何不能接受自己的真實狀態，人的一生中，心理健康狀況本來就是起伏多變，對自我多寬容一點不是很好？如果能痊癒就太美好了，即使不能如願，人生仍然值得好好活著。只要能好好接受治療及控制症狀，就算精神疾病會伴隨一輩子也沒關係。康復之路並非比賽誰最先跑到終點線，而是讓踏出的每一個步伐都更加容易。

專家的協助與治療非常重要，但是當感到精疲力竭時，也需要一些簡單又不費力的方法幫助處理情緒。有許多主打著該如何養生的方式，實際上只是為了推銷產品，所以我並不採用，不過必須承認其中有些方法的確有幫助。做運動，練習積極正念的思維，它們能在追尋更健康的生活時發揮不可思議的強大力量。並非所有我所學過的治療方法都有效，因此最後只保留有幫助的練習。但在這之前，每種方法我都願意嘗試一下，並且採用喜歡的方法進行自我幫助練習。例如即使有人認為用水晶來治療是無稽之談，但它們讓我覺得比較舒服，所以保留在自己的治療計畫中，就和呼吸運動及服用焦慮藥物一樣重要。只要發掘愈多能讓感覺變得更好的方法，就可將它們用於充實每天的生活，讓生活更豐富美好。

為真實的情緒解除封印

——復原是有可能的

多年以來我一直有這種感覺：打從還是個剛準備入學的孩子時，自我懷疑的種子就在心底萌發。隨著進入青春期，它也跟著愈長愈大。一種牢固無法甩脫的疼痛感，從我的胃一直往上竄升到胸口，蔓延到所有手指指尖，彷彿逆著生長的指甲刺進肉中一樣折磨。又像喉嚨裡卡著什麼東西，深到無法將它挖出。起初我試著忽視它，但是沒什麼幫助。接著又開始藉由飲酒、吸菸、瘋狂地運動流汗，或者暴飲暴食想甩掉那種感覺。這些做法似乎見效，但也只維持極短暫的時間。某天晚上從外頭回家，準備就寢時，那種熟悉的痛苦感受再次浮現。一部分的我知道這種感覺是個警訊，必須好好處理；但另一部分的我已經十分疲憊，就像避免打開裝滿蠕蟲的罐子一樣，想盡辦法逃避自己的精神問題。

直到上了高中才遇見良師，我們無所不談，她是美術老師那迪亞。曾經同樣受到精神困擾但努力讓自己康復的她，神奇地將美術教室打造成所有學生的安全庇護所。在那裡，任何關於心理健康的話題都可以自由自在地討論。辦公室的大門永遠為情緒崩潰者開啟，隨時可向她哭訴，傾訴心中最真實的感受。比起授課，老師更重視學生的心理健康，她是如此溫暖且呵護著我們。她曾邀請我一塊兒進行創傷知情瑜伽，也曾請來另一位女士，教導我們如何進行引導式冥想。有時她會將自己康復之路的心路歷程告訴我們，啟發了我許多想法，同時讓我知道復原的過程勢必會感到痛苦受傷。離開高中時，我已經準備好要解開並探索所有感到痛苦的情緒，抽絲剝繭地檢視未被認清的傷痛。當不再刻意逃避，決定好好地面對這些感受時，過去那些不知該如何面對而未被解決的情緒全部湧現出來，變得再清晰不過。挖掘得愈深，就愈有更多記憶浮現，讓我感到十分痛苦。過去潛意識為了保護自己而建築出一道厚重的牆，如今必須有意識地將包圍所有創傷的牆拆除。

我幻想著年幼時受傷的自己出現在眼前，把所有必須了解，卻從來沒有人告知的事情告訴她。為她感到難過而哭泣，直到漲紅了臉，眼睛也哭腫了。闔上眼，想像將她擁入懷裡，然後從每一個微細的毛孔中將曾經受過的傷害一一擠出來。對於曾在校園裡霸凌我的人，我寫下嚴厲譴責的信，讓他們知道我所有的感受。用詩歌懷念已經失去的友誼；將曾經發生的每件不幸事情記錄下來，一遍又一遍地直到能回想起所有細節。當寫滿過去所有傷痛情緒的紙張堆滿桌面，而心靈漸漸平靜後，我將紙張全部撕成細小碎片，再塞到垃圾桶中。情緒上的創傷會讓身體出現真實的感覺，像是頭痛、身體僵硬或者感到壓力，所以我伸展四肢且活動身體。當面對傷痛時，像隻野獸般瘋狂地甩動身體，彷彿要把爬滿全身的螞蟻通通抖下來，直到喘不過氣，精疲力盡為止。一旦感到壓力，那種把螞蟻抖下來的動作是我一定要做的事。我下定決心不再逃避，面對所有感受，感到悲傷時就哭出來，不隱藏地表達憤怒，時時提醒自己必須面對所有艱困的感受。因為它們傳達著需要仔細檢視並處理的訊息。千萬別再忽視它們，免得最後情緒暴漲而潰堤。

逐漸復原的樣子可以是……

試著多一點夢想，
少一些自尋煩惱

給予艱困的感受
更多空間

不帶批判地
尋求
並接受協助

有能力處理
不在自己舒適圈內
的事情

可以設定、
調整
並堅持自己的
底線

對於表達自己的
需求、感受和想法
感到自在

對自我
以及與他人的
人際關係感到
安心

對於控制自己
以及行為
愈來愈有把握

萬一什麼事出錯了，
不再自動地
將過錯歸咎於自己
或感到羞愧

能控管情緒，
並讓它們
將你帶往進步的
方向

更多正向
且平靜的思維

不再被自己
無法改變的事制約，
更能專注在
可以改變的
事物上

能更佳地
處理失望及挫折

當面對情緒上的傷痛，或者發覺有重複陷入負面思考的無用習慣時，問問自己，這麼做有什麼意義？怎麼做才能幫助復原？在此段人生暫告一段落前，還需要添加哪些故事？復原這件事需要窮盡一生去執行，面對困境時，尊重自己是最重要的事。多一些耐心，因為復原正一點一滴地出現在每一天。

復原之丘

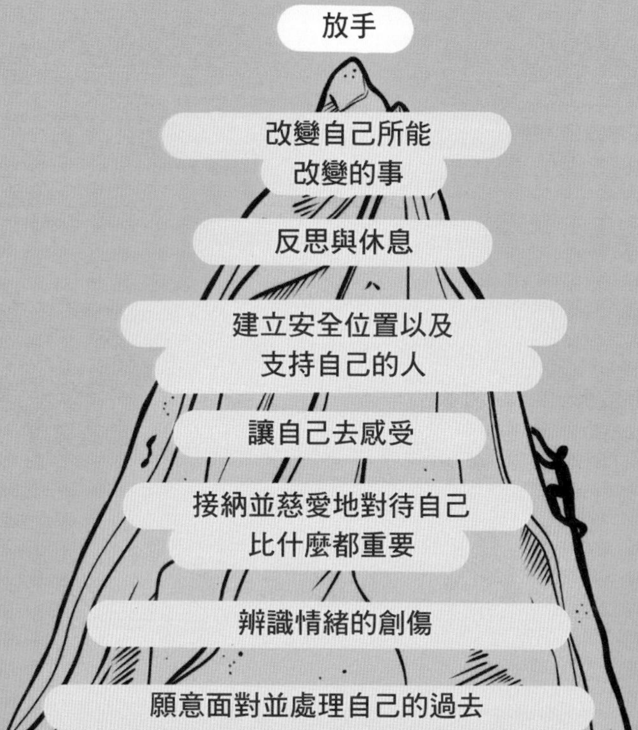
放手
改變自己所能改變的事
反思與休息
建立安全位置以及支持自己的人
讓自己去感受
接納並慈愛地對待自己比什麼都重要
辨識情緒的創傷
願意面對並處理自己的過去

你的正能量是否有毒？

——真正的樂觀是救生筏

你是否曾對心裡的想法感到無助？懷疑其他人是否也常出現嚴厲批評自己的念頭？

十五、六歲的我剛踏上心理健康探尋的旅程，身旁的人總會不停告誡我要有「積極的力量」，聽久了實在讓人煩厭。最痛恨別人告訴我要樂觀一點，好像看著分崩離析的人生，仍能簡單輕鬆地保持樂觀一樣。如果清早起床等同於另一場夢魘的開始，如何還能積極地看待這一天呢？對於只好假裝聽進去的我來說，根本沒有任何幫助。

這樣的態度一直到我對於神經科學以及神經可塑性有更多認識後才漸漸轉變。神經可塑性是指大腦有能力改變及適應它的結構與功能，人類的思維最終就會讓自己變成該副模樣。反覆的負面思考模式會讓大腦養成習慣，最後變成信念，影響到對整個世界以及對自我的看法，同時影響行為。某種程度上來說，想法就決定了生活品質。當發現我已深陷消極想法的惡性循環中，便迫切地想逃脫離開。

結果發現原來我所討厭的積極，是那種毒性的正能量。有些人因為根本沒有能力處理消極情緒，所以寧可忽視它，只會虛假地給予安慰。毒性正能量迫使人將消極情緒棄置一旁，而真正的樂觀態度則是鼓勵人從困境中走出。

我喜歡將樂觀比喻成身上的肌肉，需要規律地訓練才能更加強壯。過去對我來說，積極的肯定十分虛偽，因為我的人生一直用消極的態度對待自己。「我不夠好」「我不值得」「注定要失敗」「厄運必然臨頭」，這些聲音一直縈迴在腦海中。我的自我肯定方法從簡單的一句「一切都會沒事」開始。一旦感到焦慮、困窘或悲傷時，立刻在心裡不斷重複這句話；睡前大聲地說出來；早上起床，在鏡子前對自己這麼說；甚至搭公車時仍不時喃喃自語。就這樣過了好幾週，這句話漸漸在腦海裡成為一種堅定的信念。突然間，「一切都會沒事」不再是自我安慰的謊言，我開始真心相信它，開始相信自己。可以感受到我的思維方式發生了轉變，用更積極的信念取代消極想法。雖然消極念頭有時仍會浮現，但可以很輕易地不再那麼想。我對自己說，消極的思維只不過是沒有根據的自我批判，積極的想法才能反映出良善的自我，鼓勵我勇敢向前。

強迫改變想法的初始階段並不容易，第一次試著用堅定的態度與自己展開積極的對話，很可能覺得好笑又虛偽。我也曾懷疑如果肯定自己只不過是謊言，那麼又有什麼意義，到頭來會不會發現只是在自我欺瞞？別擔心，這種感覺的確是所有人都需要跨越的第一道障礙。自信心的建立本來就不是一蹴可幾的事，它和絕大多數事情一樣需循序漸進。面對心中不同雜音時，不妨這麼想一想：「一部分的我認為自己不配有自信，不值得善待自己。但是我會證明自己的價值，我值得對自己更好一些」。或者「這麼做也許看起來很傻，但是接下來的每一天我都要不斷地練習，因為善待自己絕非傻事」。

學習與尷尬的感覺共處，是面對不自在情緒時的必經過程，即使覺得在幹傻事也不用苛責自己。

毒性正能量	真正的樂觀
消極的態度 沒有用	感受我們真實的情感 很重要
凡事只往好的方面想	無論你的情緒狀態怎麼樣， 我都愛你
你會走出來的	我相信你能克服一切， 我隨時可伸出援手
別人過得更糟	這件事你並不孤獨
保持微笑， 哭泣沒有用	無論什麼時候，想哭就大哭 一場。我這裡有衛生紙， 或者你需要一個擁抱？
永遠保持積極	這件事真的不容易， 你需要談一談？ 或者先去做什麼比較輕鬆 愉快的事？

你的能力超乎想像

——發展成長心態

成長心態這個名詞是卡蘿・杜維克博士（Carol Dweck）在二〇〇〇年中期所提出。具有成長心態的人相信只要願意努力並且培養自己，就能發展並精進更多技能。相反地，具有定型心態者，認為擁有的天賦與才能是固定不變的，每個挑戰都將是另一個瓶頸。面對困難的工作時，覺得不可能成

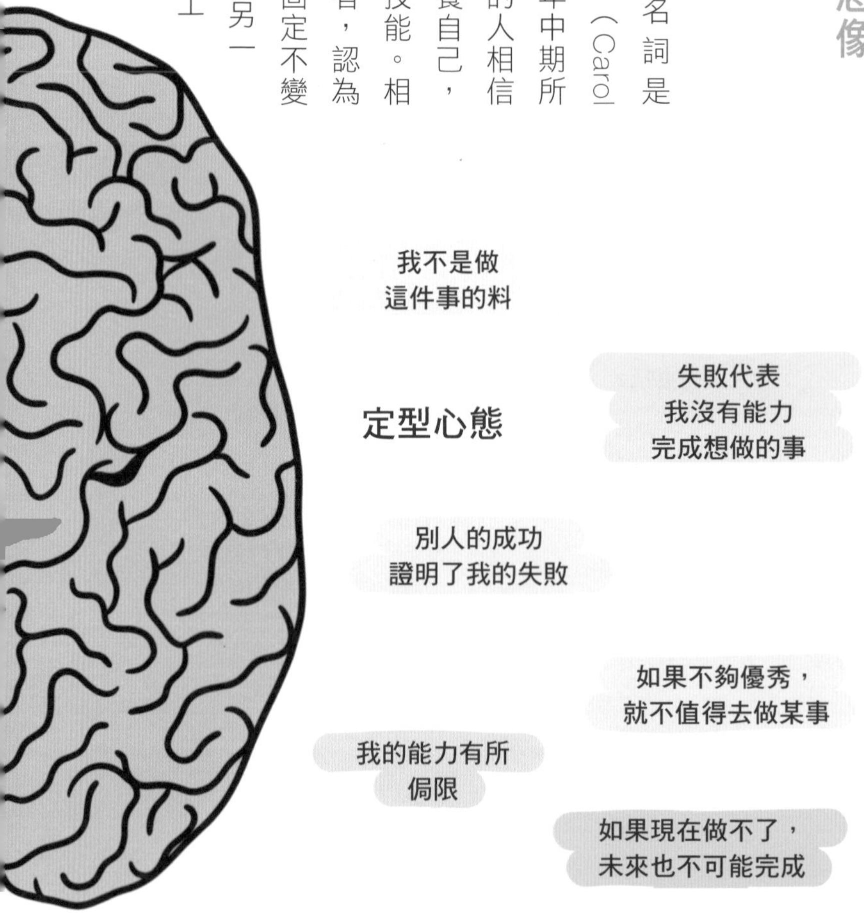
我不是做這件事的料
失敗代表我沒有能力完成想做的事
定型心態
別人的成功證明了我的失敗
如果不夠優秀，就不值得去做某事
我的能力有所侷限
如果現在做不了，未來也不可能完成

功或進步。人們愈覺得受到眼前的狀況所侷限，就愈容易放棄，不敢嘗試突破困境。因為覺得無法控制一切而無可奈何。即使明明有能力突破自我，卻因缺乏自信，認為絕對辦不到而不敢有所作為。

成長心態則讓人不被失敗限制，它只是人生獨特旅程中的一個標記，提醒著繼續堅持下去。我們不怕挑戰，無論成功或失敗，都該為自己的努力而喝采，同時再接再厲，不會被它所擊倒。

成長心態
只要盡最大的努力
並且堅持下去，
我能挑戰更困難的事
並非必須是
個中翹楚
才能彰顯
某件事的意義
別人的成功
是件美事，能激勵
人心
我能從失敗中
學習
如果第一次不成功，
我可以再試一次
只要有心學習，
我可以學會任何事

孩提時代的我自然而然地發展出成長心態，對一切事物感到好奇並喜歡嘗試，不會因為能否成功而感到壓力。從遊戲中學習，充滿創造力，且容易從他人的才能得到啟發。然而長大後進入真實的世界，開始覺得努力只有在事情成功時才能得到回報。如果無法立即見到成果，探索自己的能力或者嘗試任何新事物都毫無樂趣可言，而且代表著失敗。在我的眼中，失敗難以承受，同時對它感到羞愧。這一切都讓我對自己產生負面看法，造就出既定的神經迴路，直到再也不相信自己能成就任何事為止。自我肯定這件事最主要的用意就是讓我重新對成功下定義，並且試著找回孩提時代天生的成長心態。

別人的信念，不一定是你的啟示

——放下期待

當開始挑戰消極的思維模式時，可能會發現自己的負面看法是如何發展形成的。對我來說，即使在校期間的表現並不突出，也從不認為學習是件難事。放棄已經知道的，重新學習反而更需耗費心力才能完成。我不斷地發現一些根本不知何時養成的信念，不僅難以動搖而且無益於心理健康。它們包含了整個社會對人們的態度與期望，以及對於自我的期許。我的一生都不斷地提醒自己並不完美，身為年輕女性必須自我犧牲，要懂得關懷照顧別人，要待人親切，要有禮貌。只有成功的、美麗的、具有魅力以及天資聰穎的人，才值得世人讚揚、崇拜及歡迎。對他們來說，生活必然輕鬆又富裕。

小時候的我以為人生就是時間軸上標記著一連串事件的里程碑。拿到好成績，獲得好學歷，一份值得尊敬的工作，結了婚，付清所有房貸，養兒育女，最好再養一隻黃金獵犬。到了那個時候，人生才可說是一切圓滿。

我被教導所謂幸福快樂的人生就是當一個乖小孩、好學生，認真工作，對社會有所貢獻。因為就學時期沒有人能幫助我面對學習障礙的問題，所以離開學校後申請了一份與特殊教育相關的工作，想幫助那些和我有類似遭遇，正感到徬徨掙扎的學生們。然而卻發現，無論多麼關愛學生，我的心理健康狀況並無法負荷繁重的工作內容。如果連自己的高中生活都過得不好，搞砸了幾份工作，在沮喪發作的時候甚至連洗澡都無法完成，那麼我不就是沒有任何可取之處？

活在社會的期望中，就如同追尋一個不斷移動的目標，似乎總是遙不可及。

在丟了最後一份工作後，終於捫心自問：「我做的這一切究竟是為了誰？」因為照著社會期許而生活讓我一點也不快樂。世間如此廣大且充滿各式各樣的期望，然而別人對你的期望是他們的問題，不關你的事。我應該放棄曾經認為造就人的價值，或者決定好與壞的評判標準，這件事需要終其一生重新學習。我熱愛服務性質的工作，渴望幫助別人，然而眼前的環境並不符合我的需求。在能夠幫助他人之前，需要先幫助自己。藝術是我一生中的最愛，一直以來都夢想能成為專業的藝術家，因此決定全心投入接案的插畫工作。一段時間過後，得到的報酬已經能讓我餬口生活。雖然收入並不如前一份工作那麼穩定，但日子還算過得去。最重要的是我就是老闆，即使自由職業需要面對的不確定性有時讓人感到崩潰，但按照自己希望的方式生活，對健康非常重要。

當發現自己更重視別人的價值觀與認同感，反而忽略真實的自我時，心裡十分難受。挑戰曾經的信念並不容易，但即使某些人不贊成我的決定也無所謂，因為我是為自己而活，不是為了他們。

重新質疑自認為已經知道的事很重要，尤其是那些讓我們覺得好或者足夠的相關信念。有太多人背負著對自己無益處的信念過日子，所以藉此機會我要邀請你，重新檢視一下你對自己的想法和信念，它們到底是幫助你還是傷害你？

這些事你需要重新覺察

為了融入群體
而縮小自己

為取悅別人而漠視
我的界線

為避免衝突而犧牲
我的權利或信念

假裝我很好而不去
尋求協助

認為我的價值建立
在有所貢獻上

因為成就微小所以
不需要慶祝

世俗對於美和飲食的
標準影響了心態

逃避難受的情緒
而不願面對

尋求外界的認同
而非對自己有信心

這些對話你需要重新學習

你需要融入大家才能被別人接受
我需要做真實的自我，這樣才能找到和自己處得來的人
你時時刻刻都要有禮貌
有些場合我需要堅持自己的權益，並不虧欠任何人禮貌
對於人生你一定要有計劃
人生可嘗試多條道路，我隨時可以改變心意享受自己的人生，並非一定要有計劃不可
盡全力追求完美，失敗很丟臉
犯錯是人生必經的過程，只要盡力去做就夠了。

容貌焦慮只是一場空虛

——你的外貌，以及為何它一點也不重要

心理健康問題與人的外貌脫不了關係。一個人如果對於長相或身材感到不滿，就會對自我價值產生重大影響，同時也會為心理與精神帶來壓力，造成不健康的行為。

打從進入青春期後，我就開始漸漸注意自己的容貌與身體的樣子。聽著大人在面前討論節食話題，或者抱怨對自己感到不滿的地方。在校時，同學們會在更衣室裡比較及評論彼此的身材。這些生活經驗的累積，讓我也開始愈來愈在意自己的外貌。人類並非天生就對身體的形象感到不安，好看與否其來有自。媒體風向和他人的看法每天都在影響我們，眾人的眼光建立起美醜標準，這樣的壓力似乎無法逃避。

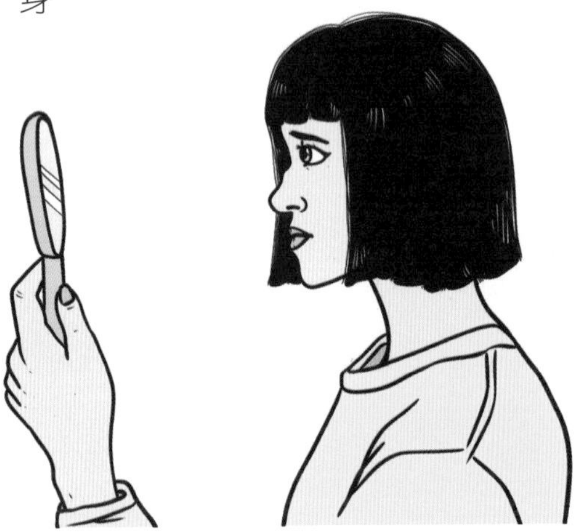

小時候一直以為能像某部曾經看過的電影情節一般，某天突然就從醜小鴨脱胎換骨變成美麗的女人。不幸的是，我的胸部發育到Ａ罩杯就停止，也沒有豐臀細腰、玲瓏有致的身材。事實上我比同班同學都長得高，肩膀寬，下圍大。我開始挑剔身體每一個地方，曾經在網路上搜尋過的問題都突顯出對自己的失望。例如：「如何能讓頭髮更濃密」「如何消除臀部凹陷」「正常的陰唇是什麼樣子」或者「為什麼我的胸部外擴」等。所有身體外形中，讓我感到最自卑的就是鼻子。每位家族成員都有著鷹勾鼻，其中鼻形最誇張的人就是我。想想看，那麼奇怪的鼻子就長在臉的正中央，無論怎麼藏都藏不了，容貌全都被這個鼻子給毀了，只有靠整形手術才有辦法解決這個問題。我總是渴望著有朝一日能動手術處理畸形的長相，向眾人展現一個全新的正常鼻子。

就在同時，社群媒體上剛好掀起一項關於「身體自愛」的風潮。目的是推動接納並且愛自己的身體，無論哪種身形都一樣美。世俗所認定關於美的標準不再受歡迎，應該被摒棄。

這項運動鼓舞了我，因為極度渴望能真心接納自己的一切，於是決定也要加入身體自愛的行列。然而卻發現無論多麼堅定地告訴自己鼻子很好很美，總覺得只是在自欺欺人。我的鼻子就是那種只會出現在整形廣告裡，做為整形前對照組的照片，怎麼有辦法說服自己它很美呢？我仍不間斷地將自己與時尚雜誌或螢光幕中呈現的美做比較，這種情況下想愛全部的自己根本是不切實際的期盼。

就在我對於接納自己不再抱任何希望時，意外地認識了「身體中立」運動。它改變了我的人生。所謂身體中立，並不是無條件地去愛全部的自己，而是將注意力從身上轉移。它提醒我們，人類是擁有多重面相的生物，而身形及容貌是其中最不重要的一項。這樣的觀點引起我極大的共鳴，的確我所喜愛與推崇的人，都是因為喜歡他們的幽默感，和善好相處，有著相同興趣嗜好或者彼此聊得來，跟長得好不好看完全無關。

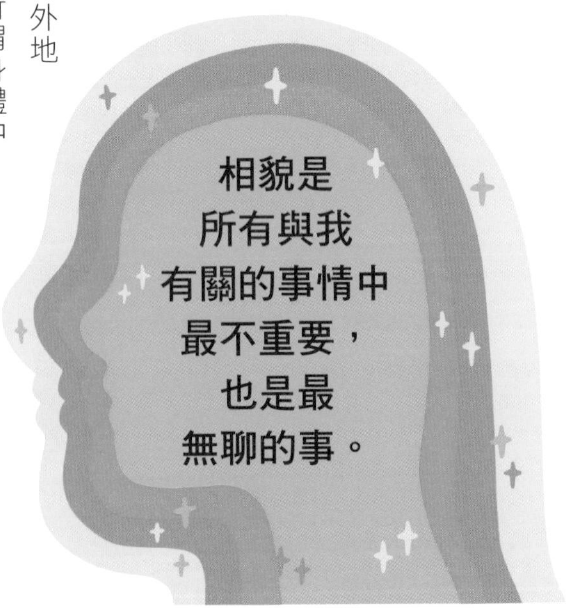
相貌是
所有與我
有關的事情中
最不重要，
也是最
無聊的事。

我開始重新思考為何需要跟上當今社會對於美的標準，美貌為何會成為眾人所追逐的流行，人們又如何將美麗的標準分類。當愈深入地思考我所認為外觀上的吸引力，特別是女性容貌所呈現出的美的相關標準，就發現它們愈不符合人性。舉例來說，放縱體毛生長而不去處理就被認為不美，身上有斑或疤也不美，那麼當人們上了年紀，皮膚變得鬆弛且充滿皺紋時該怎麼辦？為什麼要拔除體毛，想辦法讓毛孔縮小，再塗上一層層化妝品好覆蓋天然肌膚的紋路？於是我開始刻意保留腋毛，即使出現在公共場合也無所謂。不再遮掩青春痘，甚至在鼻子上穿上鼻環，就算這麼做會讓別人更注意我的鼻子。要或不要對自己的身體做什麼事完全由我決定。只要覺得高興就好，不再需要為了符合別人對美的認定而改變。如果只是匆匆地到雜貨店買個東西，何須還要先補個妝才敢出門？我愈來愈習慣自己的臉，自然無遮掩，即使它並不完美。之所以運動是因為我覺得舒服，而不是為了健康或好看。

看在別人眼中是否順眼並不是我的責任，我的時間應該運用在更值得的事情上，例如學習新事物，培養能使自己成長及健康的興趣，而不是浪費在取悅他人的眼睛。我沒有虧欠任何人一個完美又挺直的鼻子，不需要符合別人認為美的標準，因為這件事一點都不重要。我可不希望老了以後，後悔浪費了太多時間擔憂別人覺得自己漂不漂亮。

在發自內心將外觀美醜的想法拋在腦後時，就愈不覺得必須美麗，也更能欣賞最真實的自己。學習身體自愛對我來說顯得十分吃力，然而身體中立能幫助我從拚命追尋所謂美的標準的束縛中釋放。當你決定不再繼續玩這場虛榮的遊戲，就沒有任何事好輸。我就是這樣辦到的。

如果你正因外貌感到掙扎煩惱，其實有方法幫助你改變對於自己的看法。想想看生命中所愛的人，如果把喜愛他們的原因寫下來，試問他們的長相會被列在名單上嗎？會比他們帶給你的感受，談話時的契合感，或者他們所擁有的幽默感、同理心以及體貼善良等價值更重要嗎？八成不會，是吧？

有沒有什麼在你眼中自認為是小缺點或不完美的地方，但對旁人來說反而覺得有些可愛？如果小時候的你就在身旁，你會當著她的面罵自己醜八怪嗎？你會把對自己不滿意的地方告訴別人嗎？或者只會自我抱怨不完美之處？如果試著開始讚美自己，就像是對待朋友般地讓自己好過一些，這麼做會出現什麼結果？

身體上嚴重的形象困擾似乎很難突破，但是別忘了，每個人都是自己思想上的建築師。當我們對容貌感到不滿，想讓這種負面的感覺得到改善，第一步就是將注意力移轉到其他事物上。這麼做能幫助大腦理解，還有很多事比起自身模樣滿意度更為重要。如果你不斷地想掩飾或反覆檢視自己的缺點，或者發現因為過度關注容貌上的缺陷，而錯失了許多其他事物，甚至感到人生都快因此被摧毀，這時可能需要找信任的人好好談一談。做一些能照顧好身體健康的事，例如營養均衡的飲食，進行一些有趣的溫和運動，練習靜觀正念，從線上或所在地找尋能提供支援的團體。這些事情都能幫助你重新建立與身體的良好關係。然而一旦發現再也吃不下東西，或者舉止行為變得怪異，在情況變得更嚴重之前，請務必向所信任的人請求協助。例如你的醫生、老師、父母或朋友。

為自己保留更多關愛

——重新做自己的朋友

你是自己社會支持體系的一員，作為你腦海中的唯一成員，責任可說是至關重要。因為只有你才明白腦袋裡在想什麼，在不同時刻有什麼感受。你是自己的好朋友嗎？

在還是個孩子的時候，我曾經是自己最好的朋友。如果同學們邀約一起玩的遊戲沒什麼意思，我會毫不猶豫地拒絕他們，十分享受獨處的時光。然而這種情況隨著年齡成長，開始認識會劃分彼此階級的社會後發生了變化，同時我的心理健康問題也漸漸浮現。十幾歲的青春期對我來說是一段粗暴殘酷的歲月，容易感到沮喪的我很快地就成為被霸凌的目標。充滿自信地踏入校園生活，離開時信心蕩然無存。如果其他人都不喜歡我，我怎麼可能喜歡自己呢？我將自己視為敵人，我的人生的破壞者。總是幻想某天奇蹟出現，突然間變成萬人迷，所有人都愛上我。但是當獨自一人的時候，每分每秒都感到窒息而難以忍受。在那段等同於自我批判的時間，我不自覺地開始挑剔長相、身材以及人格個性，不斷地搜尋自己的缺點和必須改進的地方。

那段期間我仍然結交新朋友，並且無條件地對他們付出關愛，就算有時他們的表現十分怪異，或者和我發生爭吵，任何問題都不會影響我們的友情。當別人的朋友很容易，老天設計我的目的似乎就是為了愛別人。但是從那麼多的愛之中留一點點來愛自己似乎都難以辦到，因為我找不到愛自己的理由。

我永遠忘不了重新做自己朋友的情景。高中時有一門創意寫作課程，任何學生都可自由選擇是否在課後留下，上台朗讀自己的創作。聽到這個消息的當下，我只感到一陣恐慌。「我絕不可能辦得到；上台這件事可怕極了；我一定感到無地自容；我的作品很爛」，無數負面情緒瞬間從心底湧出，阻攔著我。這時有位朋友轉頭對我說，她無法決定該不該上台朗讀。我不假思索地立刻告訴她：

「你當然應該上台呀，你寫的詩棒極了，你不上台還有誰能上台。」

就在回答她之後，我也不禁開始想，為什麼我能脫口而出地鼓勵別人，卻不能同樣

如何成為自己的朋友？

檢視你
需要什麼、
想要什麼或者
害怕什麼

不要吝於
讚美獎賞自己，
也別吝於
安慰體恤自己

保護你的
能量與個人界線

不會期待
別人辦得到的事，
也別那樣
要求自己

面對困難時
為自己打氣

沒有其他事
比你的健康更重要

寬待自己，
讓你有機會
從錯誤中學習成長

把時間
用在享受的事上

事注於喜歡
或覺得重要的事

地對待自己？於是下定決心，等鼓足勇氣之後，也要上台朗讀我的作品。

朗讀之夜終於到來，我躲在洗手間裡擔心得渾身發抖，考慮是否該打退堂鼓，直接溜回家去。沒想到接下來我做了一件從未做過的事，望著鏡中自己的雙眼，堅定地說：「你一定不能退縮，你做得到。」輪到我上台時，看著台下的同學及家長，緊張得心臟彷彿都快跳出胸口，眼前也變得模糊。沉澱一會兒後開始朗讀，聲音迴盪在寂靜的教室裡，不知不覺終於唸完。同一時間掌聲也響徹整間教室，一種無比驕傲的感覺幾乎將我吞噬。那時候覺得身體中充滿能量，同時也理解到，如果我繼續鼓勵自己，肯定自己，安撫自己，為自己的權益發聲，那麼是不是還能完成其他更多事？就在那天晚上我做出承諾，要再一次地成為自己的好朋友。從無私地給予別人的關愛之中，保留更多的愛給自己。

修正自我消極的對談模式，如果不會對朋友說的話，也盡量別對自己說

爭取自己的需求

慶祝你的成長與成就，無論它是多麼渺小都無所謂，享受當下

小小的轉念，足以翻轉整個人生

——你值得為自己努力

當展開讓自己感覺愈來愈好的旅程時，因為挖掘出埋藏在內心的真切情感，同時還要面對外在的壓力，曾經所受的傷害回憶可能再次一一浮現，這種時候會讓人感到士氣低落。然而有時候為了能重新站起來，必須面對曾經刻意壓抑或逃避的悲痛、傷害或憤怒等往事。有點像是參加一場馬拉松比賽，當站在起跑線時，看不到路的盡頭到底在何處，心中難免產生許多雜音：「我不確定能不能辦到；不知道是否強壯得能承受這一切；我覺得不安」。但是在這場讓感受變得更好的馬拉松比賽中，就算你不想跑也沒關係，想慢慢走也可以，還可以坐下來稍微休息一會兒，或者和朋友手牽著手一起走。也許第一次無法抵達終點線，也許我們第二次或第三次參加時就能抵達。但只要願意嘗試，你會發覺自己走得愈來愈遠。你的意志將發展出日益強壯的肌力和耐力，它們終有一天能讓你抵達目的地。

所有微小的成就，累積起來將會形成可觀的改變。努力地戒除任何打擊自己的舊習慣，都能讓你距離與自己保持平靜良好的關係更靠近一點。每當向消極的念頭提出挑戰，就等同於叫內心吹毛求疵的聲音離開，別再破壞自己快樂的人生。每當意識到應該努力扮演好自己的好朋友這個角色，就再次確信自己值得疼愛與照護。所有的改變絕非一蹴可幾。

無論你身處於人生旅程中的哪個階段，永遠都值得好好照顧心理健康。就像學習任何一種新的技巧，無論日子過得順利與否，每天都需要不斷地練習。

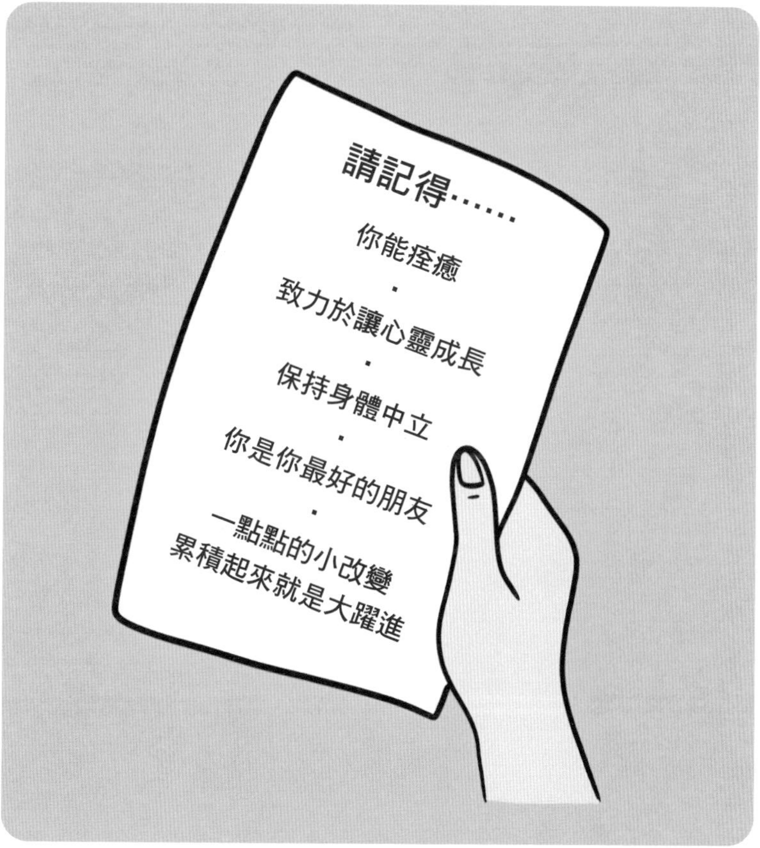

RX

【第三章】

你的心理健康工具

Your Mental Health Toolkit

哪些方法能安撫我的情緒？

——讓感覺變好的工具

為了記住所有能幫助讓感覺變得更好的事物，我將它們想像成能夠放在工具箱裡的東西。如同木匠進行建造或修繕工作時，從工具箱中選擇最合適的工具一樣，我也能視需要開始呼吸運動或自我鼓勵等行動。經過多年的學習與蒐集，我隨時能挑選出最合適的自我照護方法或應對技巧，因為心靈裡有個空間備妥了各種實用技巧及祕訣，也就不容易失控而感到踏實。面對不同問題需要不同的解決方法，想想看有哪些事會讓你感到驚慌失措或擔心，哪些方法能安撫情緒或者帶來實際的幫助。認知這些事情是建立自己工具箱最好的開始。

現在我要為你展現我的工具箱，邀請你不妨也試試其中的方法。覺得有幫助的方法可留下繼續使用，無效的方法就暫

時擱置一旁。這些年來我的工具箱裡的內容物也有改變，剛開始展開旅程時，服用藥物能讓感覺更好。經過一段時間後已不再需要它們，不過或許未來哪一天會再次需要藥物的幫助。康復的過程並非一成不變，也許在某些階段有效的方法，到了另一個階段後就不再有幫助。所以要多一點寬容與耐心，依據不同的狀態選擇最適合自己的方法。

內心批評家的聲音，不代表你

——學習如何自我疼惜

許多時候我都想知道，那些刻薄的自我批評聲音，究竟是從什麼時候開始出現在腦海中的。也許它們是剛開始面對社會時，所有無法逃避而累積在潛意識中的消極態度所發出的回音。所有無法達到的期盼與標準，日積月累下逐漸化身成腦海中另一個邪惡版本的自我，唯一的使命就是徹底擊毀我。每當有了任何小成就，那股聲音就開始打擊我：「什麼人都做得到，這點小事根本不值得一提。」當我在非常困難的測試中拿到中等的成績，那股聲音就在耳邊說：「你的朋友全都拿到優異成績，你的表現實在不夠好。」偶爾想放縱自己，好好享受一些美味甜點，就會聽到「真是噁心，一點都不知檢點」的斥責聲音。

多年後我終於發現那些聲音其實有個名字：內心的批評家。當我決心踏上康復的旅程，就清楚地知道如果想變得更好，那些聲音就必須消失。我需要一種更強大、更慈愛的力量，幫助對抗內心無情的批評家的聲音。

到了二〇一六年，我已經接受了幾年時間的治療。狀況不再如從前那樣持續好轉，而呈現停滯不動的局面。因此當時的治療師邀請我參加一個以「自我疼惜」為主題的集體治療團體。當時對於那個主題十分陌生，但是因為喜歡參與集體活動，所以同意加入。完全沒預料到，這個決定將會改變我的人生。自我疼惜是能夠讓內心批評家閉上嘴的最佳工具，如果工具箱中缺少了它，我認為自己毫無機會讓感受變得愈來愈好。

第一次出席該團體活動，就是認識自我疼惜的意涵。

同情心是一種因為能夠感受別人遭受的困難或痛苦，而給予溫暖回應的表現。自我同情代表了對於自己的傷痛、失敗，或者感到自卑的缺陷，像是對待他人般同樣溫柔呵護地對待自己。心理學家克莉絲汀・娜芙博士（Kristin Neff）指出有三件事能讓人這麼做：善待自己（慈愛地對待自己）；正念（抱持著開放、非批判性的態度檢視自己的想法與感受）；普通的人性（接受自己並非完人，就和世界上所有人一樣）。

聽起來很容易，不過實際執行起來卻比想像中難。我還記得在充滿陌生人的房間裡閉上眼跟著大家一起冥想，感覺有些不自在。每個人自行從櫃子中挑選一只手鐲戴上，每當心裡出現負面念頭時，就將手鐲從原先佩戴的手腕上取下，換到另一邊手腕上。這麼做能讓我們更加意識到心裡正在想什麼，因而就能察覺是否用自我疼惜的態度對待自己。剛開始時，我頻繁地將手鐲在雙手間變換佩戴，身旁一位朋友忍不住詢問，以為我

內心批評家的聲音就像是……

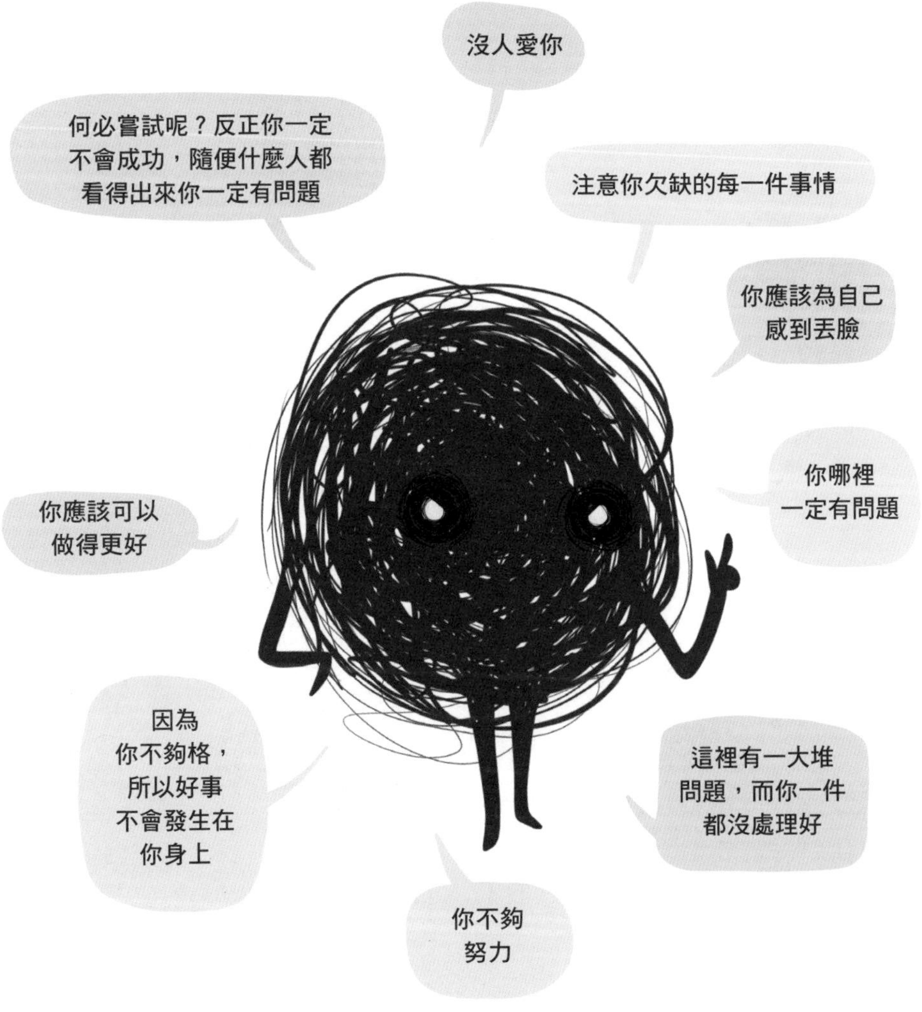
沒人愛你
何必嘗試呢？反正你一定不會成功，隨便什麼人都看得出來你一定有問題
注意你欠缺的每一件事情
你應該為自己感到丟臉
你應該可以做得更好
你哪裡一定有問題
因為你不夠格，所以好事不會發生在你身上
這裡有一大堆問題，而你一件都沒處理好
你不夠努力

自我疼惜包含了……

善待自己

正念

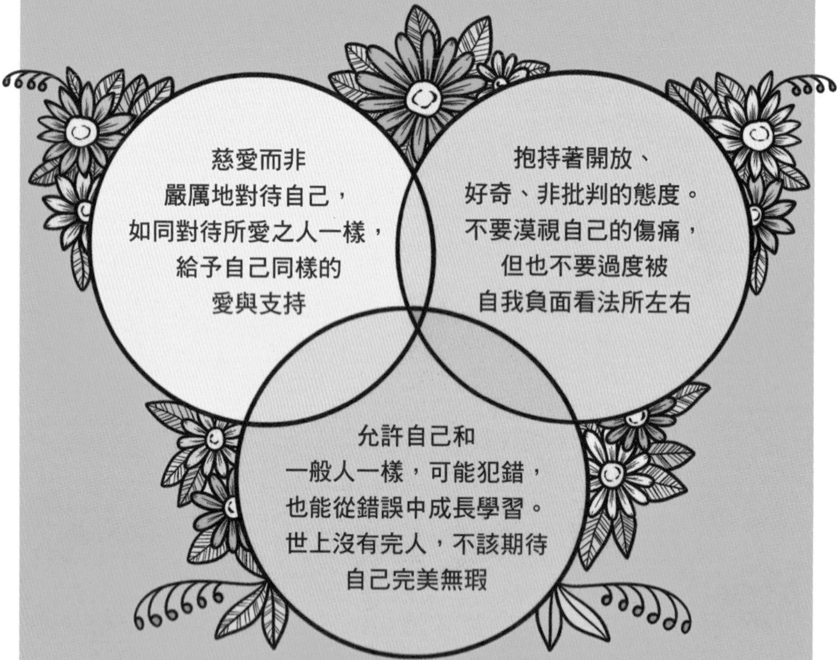
慈愛而非
嚴厲地對待自己，
如同對待所愛之人一樣，
給予自己同樣的
愛與支持
抱持著開放、
好奇、非批判的態度。
不要漠視自己的傷痛，
但也不要過度被
自我負面看法所左右
允許自己和
一般人一樣，可能犯錯，
也能從錯誤中成長學習。
世上沒有完人，不該期待
自己完美無瑕

普通的人性

在祈禱還是進行某種儀式。

那個團體讓我明白了兩件關於自己的重要事情：一、每當我犯了錯或者達不到要求，就開始責難和批評自己；二、無論做什麼事都好，就是不願意承認自己遭受的傷痛，因為不知道該如何處理那些問題，也不想面對它們。

從某種程度上來看，手上那只廉價的塑膠手鐲就代表我所受的苦。它幫助我與所有負面思維區隔開來，負面思維就只是一種消極的想法，而不是真實的自我。它讓我開始思考在什麼情況下產生了那些想法，並且要用較慈愛的想法取代它。為了別再讓負面想法摧毀自己，面對它們時，我的思考模式應該變成：「噢，這種想法很消極，什麼原因讓我這麼想呢？該怎麼做才能改變這種想法？」

我開始將自我疼惜視為內心批評家的對手，它

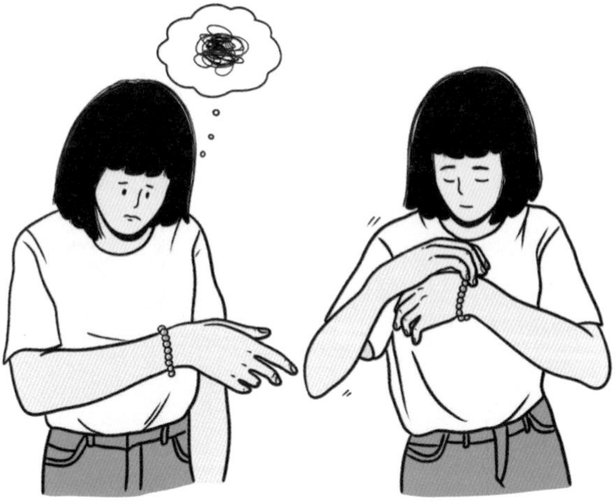

是我的好朋友，是我的啦啦隊。它是內心的一盞明燈，只要好好養護它，它所發出的光芒可以照亮外在的世界。我開始對內心批評家所發出的任何聲音提出質疑，並且試著用更慈愛的事實替換任何刻薄念頭。

當受到打擊時很容易覺得孤立無援。大腦讓人覺得全都是自己的錯，得不到他人的諒解而充滿不安全感。然而自我疼惜讓我們知道，所感受到的痛苦以及匱乏只不過是人類生命中的一部分。自我疼惜與自憐自怨並不相同，自我疼惜讓人知道自己與其他人一樣都曾感到傷痛；自憐自怨則讓人覺得只有特定人士才會遭遇痛苦或不幸。我們能夠認識到傷痛的思維或情感，但不會被它所吞噬。過去我經常會想：「為什麼這件事要發生在我身上？為什麼我要經歷這些？」但是現在知道大家都曾有這樣的經歷，而不是因為我有什麼缺陷，需要接受什麼治療。當了解到世上並非唯獨我感到痛苦，因而覺得寬慰不少。

如果我們讓自己變得脆弱就更容易受傷害。痛苦這種感覺並不是因為某個人不斷地追尋虛幻的幸福所造成，它只是構成人性不可或缺的一部分。但這不代表我們只能默默地接受所有痛苦及不幸，即使你早已習慣地相信一旦為生命感到掙扎就意味著自己是個失敗者。要知道當遭受傷痛時，不應該為此批判自己，這是最重要的事。

許多時候我們會因為負面情緒而感到慚愧，不懂得安慰反而開始責怪自己。如果能用更慈愛和同情的態度面對內心傷痛，就有機會轉念，用更正面的想法對待自己。自我疼惜提醒了我們，要用和對待朋友一樣的友善態度對待自己，因為我們和所有人一樣都值得被尊重珍惜。

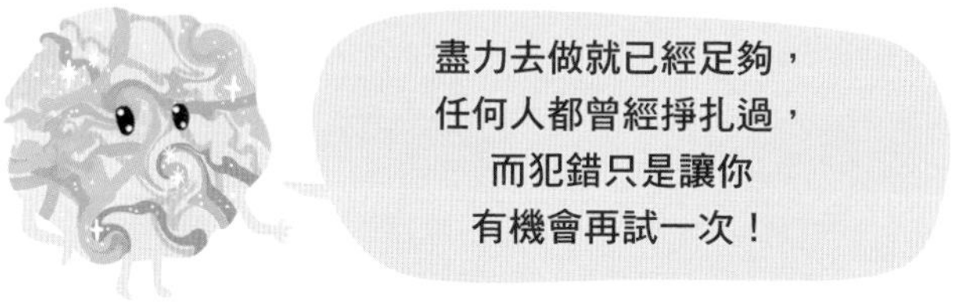
盡力去做就已經足夠，
任何人都曾經掙扎過，
而犯錯只是讓你
有機會再試一次！

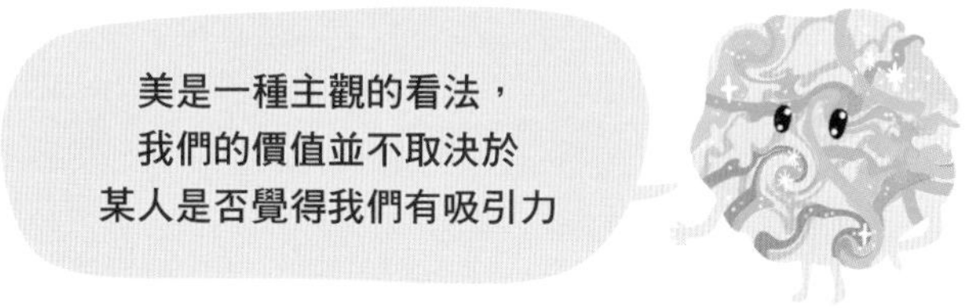
美是一種主觀的看法，
我們的價值並不取決於
某人是否覺得我們有吸引力

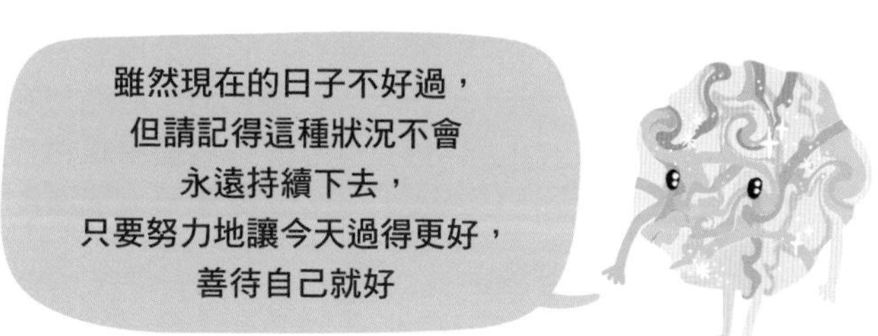
雖然現在的日子不好過，
但請記得這種狀況不會
永遠持續下去，
只要努力地讓今天過得更好，
善待自己就好

每個人都會犯錯，
也都有很多事需要努力，
多留一些空間給自己，
無論有什麼感受，
都不要替自己貼上
不佳、錯誤、懶散
或無能之類的標籤

所有痛苦的事
都只是人生中的
一個階段，
它終究會過去，
自問最需要聽到
哪方面的話
並且那樣告訴自己

當面對一個
受傷難過的
孩子或朋友時，
你會批評或責怪他們嗎？
還是會關心地安慰他們？
用同樣的態度對待自己

滿足自己的需求，
每個人都需要
不時為自己充電

找到一種
能調和副交感神經的
溫柔撫慰方法，
像是將手心貼放在胸口，
或者雙臂環抱自己，
給予一個溫暖的擁抱

練習自我疼惜的方法
就像是……

別用批判的角度
認知內心的
批評聲音，
不要陷入不斷重複的
負面情緒中，
試著用鼓勵的態度
取代消極思維

從 self-compassion.org
這個網站選擇一些
引導式冥想來練習

無論處於何種狀況
都要有耐心地對待自己，
因為自我疼惜
是一種需要終其一生
去學習的技巧，得花一段
時間才能慢慢進步

養成寫日記的習慣，
無論有什麼情緒
或想法都不要自我批判，
用慈愛取代嚴厲的態度

真正自我照顧的指引

把自我照顧擺在最優先的位置，對我的康復之旅來說極為重要。因為我向來不喜歡花時間在細心呵護肌膚或者美容保養工作上，所以起初對於自我照顧的想法十分不以為然。從社群媒體所認識的自我照護方法，不外乎大肆採購或奢華地寵溺自己。然而真正的自我照顧根本不是這麼一回事。

並非只有寵愛呵護自己的活動才叫自我照顧（雖然這麼做也很重要），任何能撫慰心靈的事就是自

我照顧；任何能幫未來的自己一個忙的事就是自我照顧；任何為了健康，幫助處理壓力的事都是自我照顧。如同每個人都是獨特的生命體，自我照顧的方法也因人而異。它可以是獨自進行有創作性質的事；提前一週備妥料理所需的食材；減少花在瀏覽社群媒體上的時間；或者為所愛的人安排什麼計畫等。

自我照顧有很多益處，善待自己能幫助提升自信心，讓我們遠離壓力，得到更多休憩放鬆的機會，有益身心健康，營造幸福感，提醒我們健康才是最重要的事。

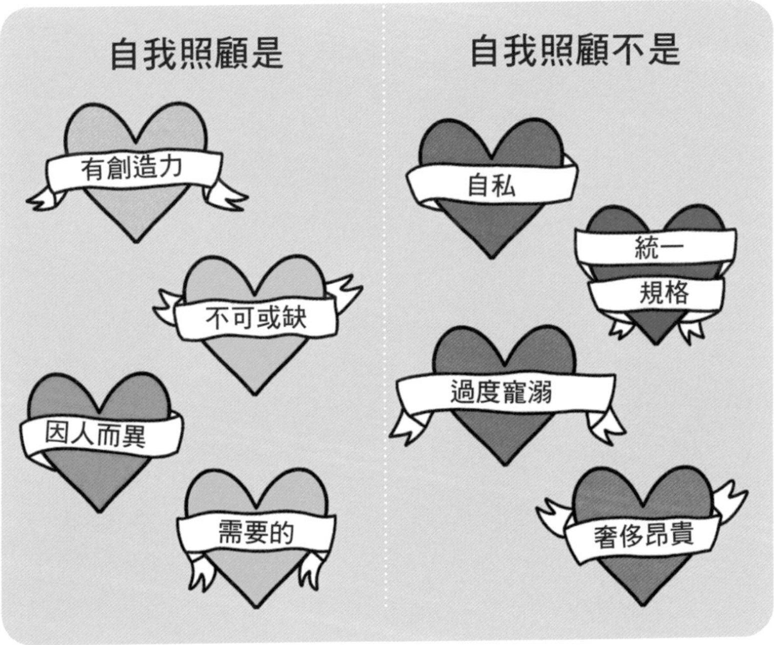

既然自我照顧的方法因人而異，所以要針對自我需求安排計劃。首先可依照當下的習慣列一張清單，把多年來已經養成的積極或消極應對策略寫下來。也許關於照顧自己身體這件事你已經做得很好，卻忽略了情緒上的自我照顧功課。問問自己：

- 什麼時候我感到最滿足？
- 當悲傷難過時，什麼事情能提振心情？
- 經歷充滿壓力的一整天後，什麼事能安撫我的情緒？
- 感到精疲力竭時，什麼事能讓我恢復體力？

這些問題可以讓你再次確認哪些事能帶來助益，在面對日常生活中的情緒波折時，可以藉由哪些簡單的活動重新振作起來。並不是每個人都有充裕的空間與時間可使用，有時甚至挪出一些時間進行能自我照顧的活動都很難，所以一開始只要做些小改變即可（可參照第130、131頁）。例如每天早上或晚上進行一些簡短的活動就是個很好的開始。將自我照顧視為優先而調整生活作息有其必要，所以應該經常詢問自己當下最需要什麼，這麼一來就能在特別的時刻進行最有幫助的活動。

自我照顧的方法可以是……

社交的自我照顧

能夠滋養人際關係，保持與他人社交連結的各種活動

保持與朋友連絡

打電話或傳訊息給關心的人

參與自己社區舉辦的社交活動

表達自己想要的、需要的以及界線在哪裡

加入線上支持團體

建立一個支持系統

心靈的自我照顧

能夠滋養心靈，與比自我更大更有意義的事物保持連繫的各種活動

擔任社區的義工

參與宗教聚會

從散步中感受與大自然的連結

進行瑜伽或其他伸展活動

冥想或禱告

花時間自我反省

實際工作的自我照顧

完成日常生活中的基本工作能減少壓力，讓日子過得更輕鬆

居家清潔打掃、洗碗洗衣服等工作

規劃好收納整理工作

預先備妥食材

做好預算規劃

排定工作表及計劃

一週前就設定好需達成的目標

身體的自我照顧

能夠滋養及促進身體健康與衛生的活動

培養健康的睡眠衛生

用能讓自己感覺愉快的方法運動身體

攝取足夠飲水及營養

隨時關注身體的需求

照顧好自己的性健康

刷牙、勤洗手，別忘了洗澡

精神的自我照顧

心之所向且能激發思想與心智的活動

- 聆聽有趣的廣播節目
- 拜訪當地具有文化的景點
- 學習新的事物
- 玩填字、解謎或數獨等益智遊戲
- 閱讀書籍
- 玩桌遊或電玩等遊戲

情緒的自我照顧

藉由認識、處理及培養我們的感受而達到照顧情感的需求

- 參加治療或與某人談談自己的感受
- 情緒崩潰時練習正念思考
- 嘗試引導式冥想
- 寫日記
- 藝術創作
- 練習感恩

中午

給予自己
一個肯定

聆聽最愛
的歌曲

暫停手邊事物，
找個時間反省一下，
檢查自己的感受

吃一些讓自己
感到興奮的點心

做幾個深呼吸

隨手做一件好事

花十分鐘進行
整理工作

晚上

為明天
預做準備

把手機放在離自
己遠一點的地方

查看一些正面
題材的新聞

換上最舒適的
衣物

和關心的人
保持連繫

快速地將腦海中
所有想法寫下來

就寢前找時間
做些讓身體放鬆
的活動

建立自我照顧的規律習慣

為每天的生活設定一些簡易的自我照顧活動，從容易執行的小活動開始做起，當它們已經成為日常生活的習慣後，繼續加入更多活動。從中挑選合適的活動，替換不符期待者。

早上

- 做一些簡短的伸展操
- 喝一大杯水
- 五分鐘的引導式冥想
- 傳簡訊給關愛的人，向他問候早安
- 思考三件值得感恩的事
- 製作或購買一頓豐盛的早餐
- 設定當日的目標

為自己設定界線

界線是在我們與他人之間所做出的區隔，代表著我們的權利與底線。設下的界線應該受到尊重，如此才能與他人發展出健康的人際關係，同時也讓我們和自己保持良好的關係。在維繫更佳的心理健康上可說至關重要。

過去的我總是不擅長為自己設定界線。由於從幼年到青春時期的朋友都不多，所以一直認為凡事都需順從並配合朋友們的要求，否則就可能失去友誼。因此什麼事我都聽朋友的，只要不是非常在乎的事一律答應，把自己的權益擺在最後頭。因為缺乏自我界線，讓我漸漸開始埋怨周遭所有朋友。他們並沒有真的做了什麼對不起我的事，只因為不懂我心裡在想什麼，而讓一切事與願違。

直到認識了第一位男友，從他身上我才開始學習什麼是界線。剛開始交往時，他就發現我為了取悅別人而不懂得為自己劃下界線。藉由一些小小的舉動，他經常提醒我有

設定並確保界線

想想看什麼是你的基本人權，它們可以是……

有權利決定你的時間要用來做什麼

有權利值得受到尊敬地對待

有權利拒絕別人而不會感到愧疚

想一想你的價值觀是什麼？哪些事情讓你感到不舒服？什麼情況下讓你覺得不受尊重？

所設定的界線能讓你完成什麼事？如果有人跨越了這道界線，你要如何應對？

傾聽你的直覺，確實地了解那些感受

直接且堅定地與他人溝通

事先想好所設定的界線受到挑戰時要如何反應，並且讓他人知道會得到怎樣的後果

最初不需設定太多界線，隨著人際關係擴展再慢慢調整

確認你的界線不會太僵化，免得潛意識下拒人於千里之外

記得所有設下的界線都可隨時間改變而調整，對於不同人也可分別設定不同界線

堅守你的界線，練習拒絕別人，傾聽內心的聲音

我的界線是……

我能夠表達心中
任何不舒服的感受

不會讓別人強迫我去
做不想做的事，
或者因而怪罪於我

我不會犧牲
情緒上的需求

能堅守信念，
堅定地為自己發聲

不會對無法掌控
的事負責

會堅定地讓他人
知道我的需求

不會讓別人的意見
決定我是否快樂幸福

我的心理及
身體健康最重要

會遠離任何輕視我、
不在乎我的人

權利做出選擇。例如會詢問我是否有時間跟他出去；問我是否喜歡或討厭某事；讓我知道他有他的界線，所以我也應該有我的界線，每個人的界線都應該被旁人了解與尊重。他讓我切身實際地了解，人際關係中可以保有更大的權利與空間，幫助我開始設立與他人相處時的界線。剛開始時從一些小事做起，例如告訴別人：「我得掛上電話了，以後再聊」，或者「我真的不喜歡這間餐廳，我們換去另一家吃飯如何」。而他人對於我的界線的反應，也成為該份友誼是否值得繼續的測試。如果我的界線得不到尊重，就會漸漸疏遠彼此關係。很快地我就發現，身旁留下的朋友與我的交情更為穩固，並且讓我感到放心自在。

如何建立自己的界線可能不是一件容易的事，也許你不確定該如何表達需求或底線，也許從小你的自主權就不曾被尊重，沒有人在乎你說了什麼。要知道自己的界線在哪裡，必須仔細感受怎麼做才能覺得安全自在並且有發言權，接著強化這些界線。一開始這麼做的時候的確需要不少勇氣，但隨著不斷地堅守這些界線，將會愈來愈有信心做你自己。

界線的例子可以是……

分享這件事
讓我覺得不舒服，
所以到此為止吧

我想幫忙，
但是此刻真的抽不出時間，
我不想讓自己疲於奔命，
能不能另外找時間
處理這件事？

我對這件事不感興趣，
所以請別再問我了

沒有敲門詢問前，
別進我的房間

今晚我必須提早一點
離開，先告訴你一聲

明天不能把車借給你，
因為我要用車

沒有人能對我吼叫，
如果你繼續這麼做，
我們就不用再談了

今晚我已經有其他安排，
下次再一起出去玩吧

我不喜歡被這種方式
觸碰，不要再犯了

請你別對我開那種玩笑，
我覺得很不舒服

挑戰你的負面思維

——面對消極想法

我在十五歲時出現了社交恐懼症。過去我並不是個害羞的孩子，然而進入一所新學校時，首次覺得所有的安全感都離我遠去，極度擔心無法在別人眼中留下良好的第一印象。那個時候我已經在接受廣泛性焦慮症的治療，但療效不彰。先前沒被診斷出社交恐懼症，正因為相關症狀被廣泛性焦慮症所隱藏，沒想到如今又多了一種病症。一旦我被什麼事情嚇到，就會盡可能逃避它。然而愈是逃避，那種恐懼感就愈會被放大。惡性循環的結果，讓我變得事事都窒礙難行。病情最糟的時候，整整一年的時間都覺得自己一無是處。用消極的態度看待一切的結果，就是對所有事情感到絕望。社交恐懼症更助長了這些

負面思維及恐懼，而大腦則要我傾聽那些負面的聲音。因為逃避任何感到害怕的事，反而滿足並安撫了對社交恐懼的大腦。

可以將大腦想像成一個裡頭有數百萬條小徑的巨大森林，每條路徑都代表一種想法。有些路徑彼此平行，有些可再分散出更多的小徑，或者與其他路徑相匯合，就像是我們的想法會相互匯集或分散一樣。每當出現一種新的想法，就如同開闢出一條前所未見的新路徑。愈是經常那麼想，等於愈常行走在那條路徑上，路跡變得愈來愈清楚，讓人不知不覺就走在那條清晰的路徑上。而不常使用的想法就像少人行走的路徑一般，最後可能在蔓草覆蓋下消失不見。

如果我們一直用消極的思維方式看待一切事物，它就會在大腦中形成一條主要道路，變得明顯而真實。如同在第二章時曾經談過的，人的想法會成為一種習慣及信仰，而它將會影響我們看待自己及整個世界的態度，變得愈來愈美好，或者愈來愈糟糕。

當處於社交恐懼症中期的時候，我讓消極的思維模式鏟除了心中曾經存在的任何積極想法。原本茂盛美麗的森林，變成堆滿負面思維殘磚碎瓦的醜陋模樣。這一切都是我所造成，而也只有我才能將它復原回從前的樣貌。

在自我疼惜的課程中，我認識了「自動化負面思想」（簡稱ANTs），以及它與社交恐懼症及消極思維模式之間的關聯。

面對自動化負面思想時的最佳處理態度，就是挑戰它。目的是為了提醒自己，任何消極的想法往往無法精確地反映出真實自我，它只不過是我們看待自己的方式。

向消極的想法提出挑戰時會發生什麼事情？我們會用增強信心的正面想法取代自動化負面思想。大家不妨試試以下簡短的練習，把心裡消極的念頭寫下來，然後試著用較積極的想法取代它。

- 拿枝筆和一張紙，找個安靜的地方坐下來回想一下。在紙上畫兩個欄位。
- 先讓心情平靜下來，緩慢地吸氣、吐氣。
- 仔細回想一下，你總是告訴自己哪些負面的訊息？不用擔心寫錯字或語意是否通順，把它們全部寫在第一個欄位裡。
- 接下來逐一看著欄位裡的事項，真誠地問問自己，能不能用積極的

想法取代它們？並且將它們寫在第二個欄位裡。

未來一旦察覺又開始往壞的方面思考時，可以拿出這張紙看一下，尋找能強化自信心的正面想法取而代之。

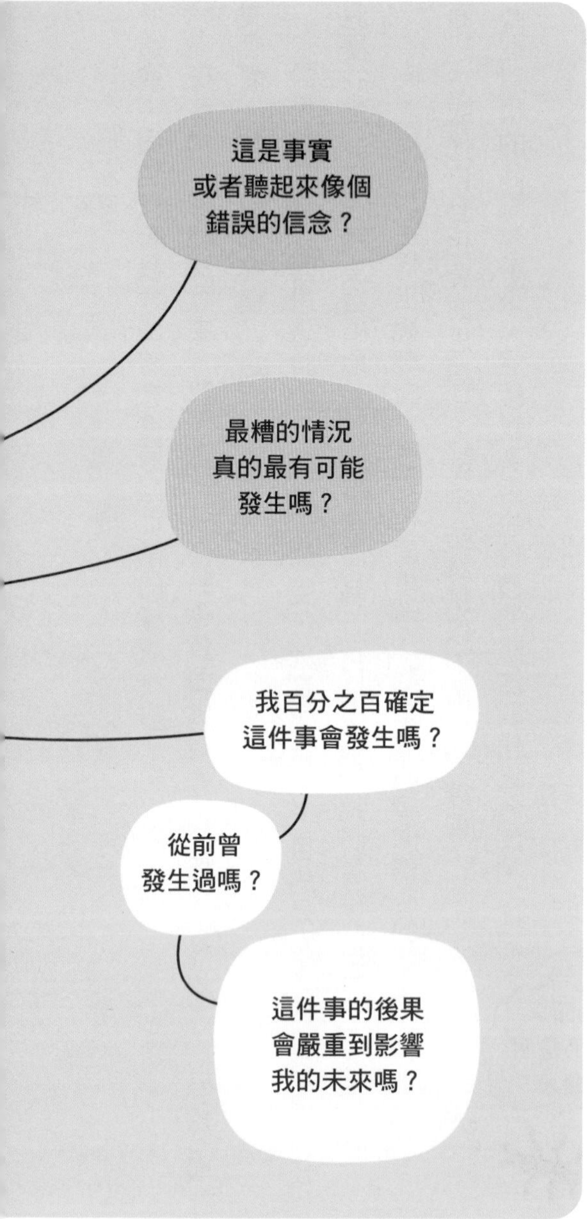
這是事實
或者聽起來像個
錯誤的信念？
最糟的情況
真的最有可能
發生嗎？
我百分之百確定
這件事會發生嗎？
從前曾
發生過嗎？
這件事的後果
會嚴重到影響
我的未來嗎？

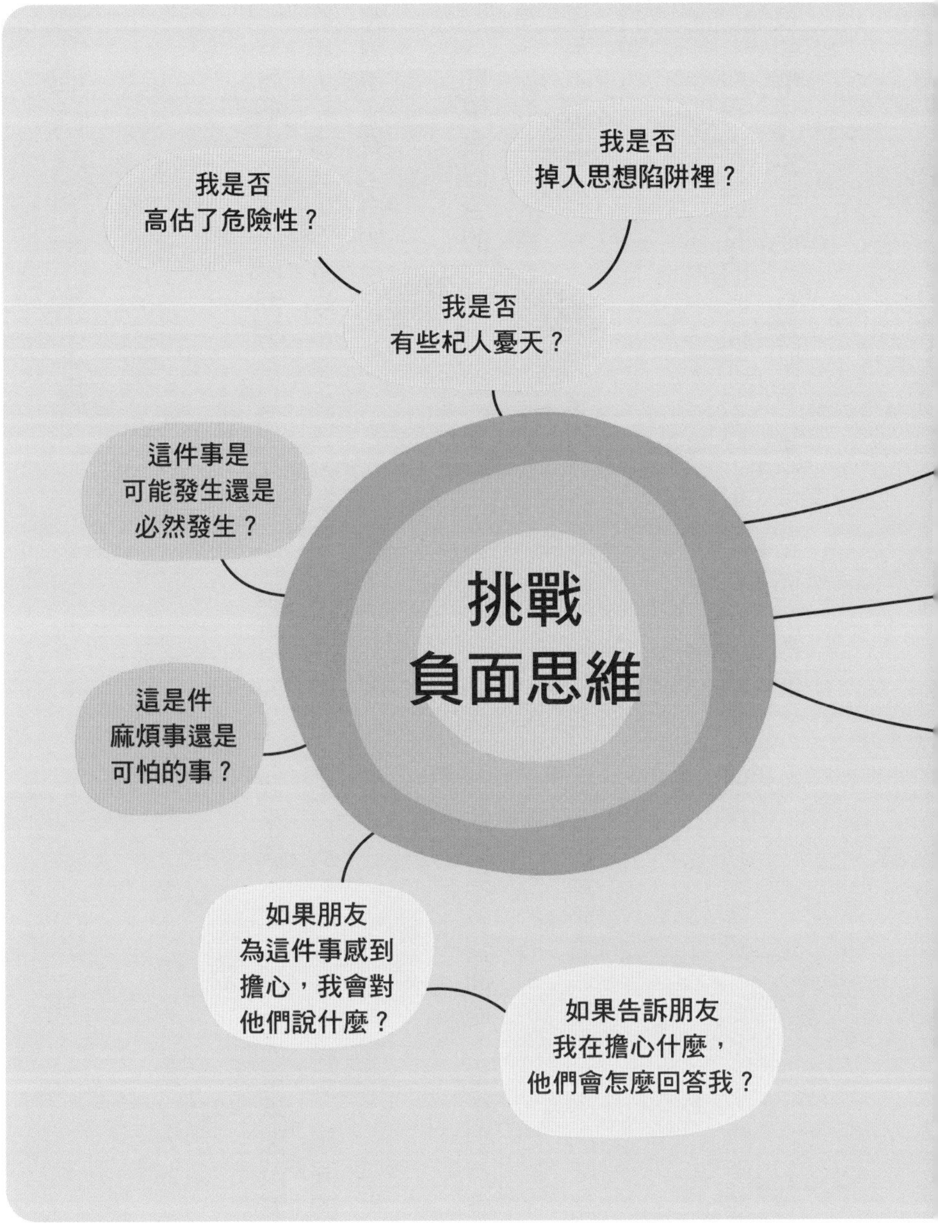
挑戰
負面思維
我是否
有些杞人憂天？
我是否
高估了危險性？
我是否
掉入思想陷阱裡？
這件事是
可能發生還是
必然發生？
這是件
麻煩事還是
可怕的事？
如果朋友
為這件事感到
擔心，我會對
他們說什麼？
如果告訴朋友
我在擔心什麼，
他們會怎麼回答我？

調適情緒的照護工具

——應對、接地以及安撫技巧

每個人都需要不同方法以便應對各種困難情況。對我來說，這些方法要能調節及減輕壓力，讓我能夠承受更多痛苦及負面的情緒。它可能出自於意識或潛意識中，不同的應對策略有各自的目的。

在學會健全的應對技巧之前，我一直採用不健康的方法處理各種問題。當感到焦慮時，採取逃避的態度面對任何造成擔憂的事；經歷一段非常煎熬的時刻而身心受創時，採用不吃不喝的方式想重新奪回對身體的掌控權；用抽菸及喝酒來處理極度痛苦的情緒打擊。

而我花了很長的時間才明白，這些行為雖然能短暫地讓我覺得舒服一些，實際上並沒能解決任何問題，長遠來看也沒造成正向的改變。

有時候因為背負了太多傷痛，以至於我們根本搞不清楚該治療哪些傷口。或者當努力地為自己療傷時，發現更多內心的創傷被挖掘出來。當情緒上的傷痛猝不及防地出現時，擁有健全的應對技巧就可派上用場。

也許有幾百種不同的應對方法，但基本上可將它們分為兩個類型：解決問題以及處理情緒的應對方法。某些讓人感到不愉快的事情可以用解決問題的應對技巧來化解，例如面對不想參與的義務型社交活動，與其浪費自己的時間及精力，只為了取悅他人而勉強答應，不如在一開始就直接拒絕。

當面對一些無法掌控的場合所出現的焦慮及壓力，就適合使用處理情緒的應對技巧。舉例來說，在面對生老病死這類事件時，可以藉由冥想活動或寫日記，花一點時間讓思緒沉澱並且調適情緒。

- 為自己排定作息時間表
- 在自然中散步
- 整理衣櫃，把不需要的衣物捐出去
- 完成某些已經延宕已久的事物
- 雙臂環繞，給自己一個大大的擁抱
- 對自己訴說一些正向的事情
- 跟著網路影音頻道，進行正念練習
- 玩解謎或數獨遊戲、編織一些物品

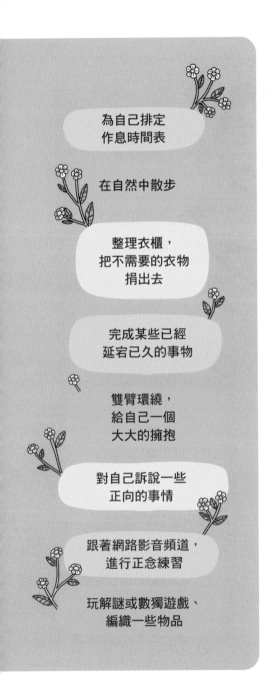

應對的方法

- 進行一些有創意的活動，例如寫作、繪畫或攝影
- 唱歌、跳舞、彈奏樂器
- 獎勵或撫慰自己
- 大聲地哭出來
- 吃一些喜歡的食物
- 寫日記
- 告訴別人你的需求
- 伸展運動
- 閱讀書籍、看電影或電視劇
- 撫摸動物
- 聽音樂
- 種花種草
- 視覺幻想身處於寧靜、幸福又安全的地方
- 讓身體活動起來
- 打電話向信任的人傾訴
- 找出三項喜歡自己的地方
- 看一些能引起歡笑的影片
- 烘焙或料理食物
- 嘗試瑜伽呼吸運動

這兩種技巧也可以合併使用，例如你即將參加一場求職面試，為此感到憂心忡忡。事先調查該公司的背景，並且準備好相關問題的答覆內容，這類解決問題的應對技巧能讓你感到更踏實。而處理情緒的應對技巧則包含面試前對自我的肯定，信心喊話能幫助你更有自信。

我喜歡應對技巧的地方在於它可以量身訂做，無論遇到哪一種問題，都可以找到一種處理它的技巧。所以下一次當你感到悲傷、壓力或氣憤時，記得挪出一些時間，嘗試新的應對技巧。

一些應對的策略也包含了「接地技術」，那是一種當思緒打結時，幫助你重新與你的身體連結在一起的技術。經歷強烈的情緒衝擊或創傷的回憶後，需要讓你重新回到現實。在我的創傷後壓力症候群以及恐慌症最嚴重的時候，經常有人格分裂的感覺：手和腳變得麻木無感，有時甚至覺得有個陌生人住在我的身體裡。為了保護自己，大腦出現與現實分離的狀況。雖然這麼做能讓我不再感到痛苦，但同樣也失去了復原的可能。學習如何「重返地球」，是讓我能克服這些情緒障礙最重要的能力。

接地技術

分類思考，例如可以
挑選動物或色彩名稱，
盡可能地寫下知道的
所有名詞

說出五件
你看得到，
四件感受得到，
三件聆聽得到，
二件嗅聞得到，
一件品嚐得到的
東西名稱

嘴裡含
一個冰塊，
用舌頭的溫度
慢慢將它融化

從一數到一百

用力握緊雙拳
並維持幾秒鐘的時間，
接著鬆開手，
感覺壓力慢慢釋放，
重複十次

打開水龍頭，
把手放在流水下，
並將水從溫水調至冷水，
感受溫度的變化

挑選某一種顏色，
然後把周遭
有相同顏色的物品
名稱說出來

心裡想著一個
物品，然後用手指
在空中畫出該
物品的模樣

做十次緩慢的
深呼吸，用鼻子
吸氣，嘴巴吐氣

背誦出記得的
一首歌或詩

慢慢地吃點東西，
並品味每一口
所嚐到的味道

接地技術能將我們帶回現實中。我喜歡將它視為把潛意識從心靈深處喚醒，讓它重新察覺到自己的身體。對某些人來說，接地這件事純粹是靈性上的議題，不過它的確具有醫療與生物學上的理論基礎。當人們感受到壓力時，交感神經系統會激發戰鬥、逃跑或呆若木雞等反應，好幫助面對或閃避危險。體內會釋放像是皮質醇這類的壓力荷爾蒙，這時人們就會覺得焦慮或害怕，而腎上腺素會讓心跳加快。接地技術能幫助活化副交感神經系統，也就是所謂的「休息和消化」系統，能重新讓人感到平靜及放鬆。有個方法可以自我測試：當下一次覺得壓力很大的時候，試著深吸一口氣，然後放慢吐氣的速度，讓它至少達到吸氣時間的兩倍長。這樣的動作能讓身體知道自己是安全的，並且準備平靜下來。

安撫是和接地有些類似的技巧，它能夠幫助人們在情緒即將崩潰時得到撫慰。舉例來說，哭泣就是最好的安撫方法，它是身體尋求自我撫慰的最佳機制之一，也是人類打從呱呱墜地就具有的原始本能。對於嬰兒來說，有許多方法能夠安撫他們。長大成人之後，也可以用類似的方法安撫自己。就像是襁褓中的嬰兒一樣，我也會用毛毯將自己包裹起來。準備就寢前，如果心情仍覺得焦慮，會聆聽和緩的音樂，並且做一些引導式冥想。閉上眼睛，身體前後搖晃，雙腳著地，專注在呼吸上。每當我真的需要得到安撫時，會問問內心的孩子，怎麼做才能讓她感到安全？

如果你需要將這些應對技巧納入自我照顧的工具箱中，花點時間想一想，哪一種方式能夠讓自己得到撫慰，或者想嘗試何種接地技術。可以回想一下感到安全又舒適的時刻，是什麼原因帶來寧靜平和的感覺。將感到壓力的事物寫下來，接著再寫下能夠應對的活動及方法。把筆記放在身邊以備不時之需。一天即將結束前，安排一些時間來練習自我安撫的習慣。每天晚上花點時間進行接地的活動，這麼做能幫助你將一整天的經歷消化處理完畢，保持平靜的心情上床睡覺。

這樣做可以減緩焦慮

——呼吸與正念

我必須承認一件事，當第一次聽到有人告訴我可以嘗試用呼吸運動來減緩焦慮症狀時，心裡實在有些不以為然，那時候八成用酸溜溜的口吻回答對方：「我知道怎麼呼吸好嗎？否則怎麼可能活到現在。」像呼吸那麼簡單的事情，怎麼可能跟讓感受變好扯得上什麼關係。

過了幾年後，原本十來歲的我已經快進入青春期的尾聲。因為劇烈的恐慌症讓我快招架不住，渴望得到救贖而終於妥協，開始嘗試一種名為「盒式呼吸」的練習方法。意想不到的是，恐慌症竟然前所未有地開始快速控制下來。呼吸運動能夠刺激身體的副交感神經系統，從那個時候便開始研究有意識呼吸的相關科學知識，如今呼吸運動已經成為我處理情緒時最常使用的技巧之一。它是我所使用過的方法中既簡單又容易進行，並且能讓人快速平靜下來的活動。你可以在一天中的任何時間、任何地方練習它。

盒式呼吸

1. 靜靜地坐下來，感受自己呼吸的自然節律，
順著它，別去改變它。

2. 接著有意識地放慢吸氣速率，從一數到四。
（吸氣）一、二、三、四

3. 很自然地吐氣。

4. 就這樣吸吐個幾回合，接下來從一數到四的吸氣，
吐氣時也放慢速度，從一數到四。
（吸氣）一、二、三、四（吐氣）一、二、三、四

5. 進行幾次從一數到四的吸氣和吐氣後，
在吸吐之間加入停頓，並同樣從一數到四。
（吸氣）一、二、三、四（停頓）一、二、三、四（吐氣）一、二、三、四

6. 進行上述從一數到四的吸氣、停頓、吐氣組合後，
在吐完氣時再加入從一數到四的停頓。
（吸氣）一、二、三、四（停頓）一、二、三、四
（吐氣）一、二、三、四（停頓）一、二、三、四
（吸氣）一、二、三、四 以此類推
這就是盒式呼吸。

7. 連續做幾次盒式呼吸，
之後慢慢地恢復為原本的呼吸方式。
讓手指和腳趾活動一下，
溫和地喚醒自己好投入原本的生活作息中。

正念是另一件改變我人生的事。在開始學習自我疼惜的課程後就開始練習正念。它能夠讓人全心全意地專注在當下，一點一滴地察覺身體的感受、腦海中的想法以及心裡的情緒。不帶有批判，不需對這些感受做出任何回應或覺得被吞噬。每當感到情緒能量已經耗盡，正念練習能讓我得到重新充電的感覺。它能帶來非常多的好處，包含改善整體健康、強化處理負面情緒的能力、減輕壓力等。我認為將正念導入生活中，能讓所有人受益。開始練習正念的最簡單方法就是每晚睡前進行一段引導式冥想。我是跟著YouTube上的影片練習，它能平撫雜亂的心情，讓我安然入睡。有很多方法可以進行呼吸運動和正念，我最喜歡的方法就是盒式呼吸。

連續做幾次盒式呼吸，之後慢慢地恢復為原本的呼吸方式。讓手指和腳趾活動一下，溫和地喚醒自己好投入原本的生活作息中。

寫下心理健康日記

——使用文字來處理情緒

用文字表達情緒的力量相當巨大。當我們將感受訴諸於文字，就能發現哪裡出了問題，因而得以處理它們。

寫日記對於心理健康有很多好處，它有助於提高自覺意識，不再執迷不悟地跳脫思緒泥沼，幫助我們敞開心扉，面對最真實的情感，同時減緩壓力。只要上網搜尋一下心理健

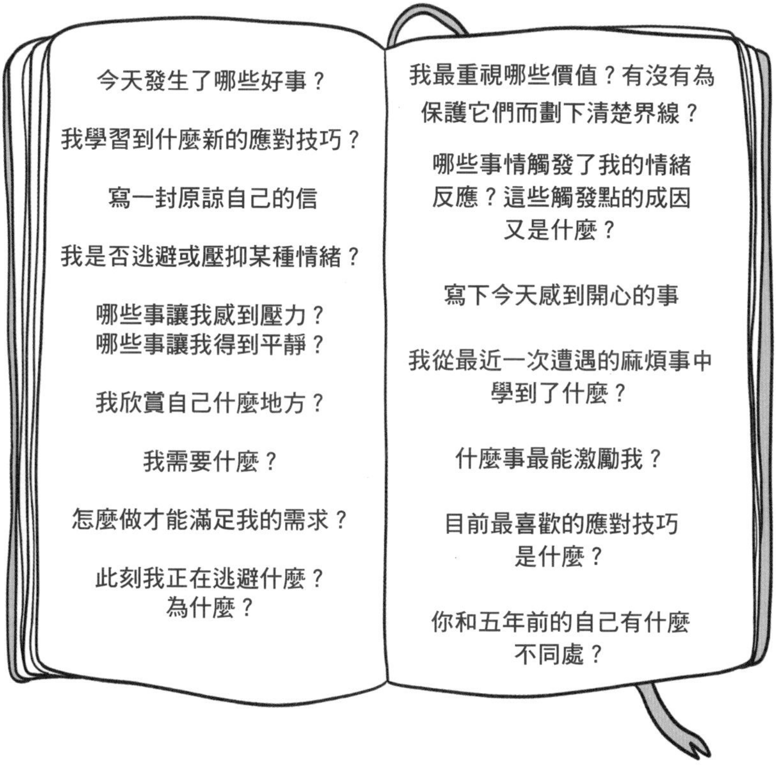
今天發生了哪些好事？
我學習到什麼新的應對技巧？
寫一封原諒自己的信
我是否逃避或壓抑某種情緒？
哪些事讓我感到壓力？哪些事讓我得到平靜？
我欣賞自己什麼地方？
我需要什麼？
怎麼做才能滿足我的需求？
此刻我正在逃避什麼？為什麼？
我最重視哪些價值？有沒有為保護它們而劃下清楚界線？
哪些事情觸發了我的情緒反應？這些觸發點的成因又是什麼？
寫下今天感到開心的事
我從最近一次遭遇的麻煩事中學到了什麼？
什麼事最能激勵我？
目前最喜歡的應對技巧是什麼？
你和五年前的自己有什麼不同處？

康日記提示（Mental Health Journal Prompts），就可以找到非常多的資訊。開口談論自己的感受讓你能夠面對它們，敞開一扇接受他人協助的門，共同處理這些情感。有時候人們不見得能察覺心中真正的感受，直到開口討論，它們才逐漸變得清晰。健康地發洩情緒是處理所有感受最好的方法。

然而如果在成長過程中，未被教導如何表達情感，那麼要坦然面對心中的感受就不是件容易的事。在能夠真正開口和朋友、家人或學校的老師談論自己的情感前，寫日記能幫助你跨出第一步。

想保持良好的心理健康，特別是對於復原來說，他人的幫助是十分重要的根基。得到來自外在的支援，別讓自己感覺孤軍奮戰，對許多人來說算是不可缺少的救生索。找時間想一想生命中是否有能夠傾訴的對象？當遭遇困難時，他們會和你站在同一陣線嗎？

若不幸周遭這樣的人一個都沒有該怎麼辦？也許你很不擅長交朋友；也許你從小在不被允許展現自己脆弱面的環境中成長；也許你剛換到新環境，什麼人都不認識。如果

參加團隊及社團活動

查詢地區性
的活動

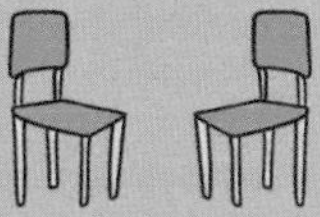

尋找互相支持
的團體課程

加入
運動團體

參與宗教
崇拜

加入宣揚理念的
團隊或義工行列

參加陶藝或
學習語言等適合
新手的課程

報名瑜伽或
舞蹈課程

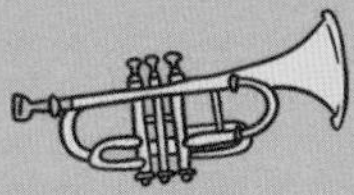

加入樂團或其他
有創意的團體

藉由社群網路尋找
興趣相同的社團

交友訣竅

盡量鼓勵自己
前往人多的地方，
參與許多人
出席的活動

試著與偶然
認識的人
發展更深層的
連繫

多試著
與人交談，
任意打開話匣子，
並且學習讚揚他人

想辦法認識
朋友的朋友

帶著好奇心、
專注地與人對話，
面帶笑容同時
表現出自己
感興趣

若想結交到
真正的朋友，
必須坦誠地與人交心，
表現出最真實的自己

想想看你
最重視朋友的
哪些特質，
試著舉出這些
特質的相關例子

盡一切可能地
與朋友保持連繫，
就算只是藉由簡訊
交流也可以

每個人都
需要朋友，
開始與新朋友
交往可能讓人害怕，
很多人因此感到緊張，
多練習能增強
你的自信

你正處於這類狀況，仍然有一些方法、有一些地方能讓你與他人保持連繫，建立合適的支援系統。

如果從前曾被人霸凌，或者受到排擠孤立，那麼交朋友對你來說可能是一件非常恐怖的事。很多人都有相同的感覺，你絕非唯一對於建立新關係感到膽怯的人。然而當發現其實有很多人都像你一樣想結交朋友，渴望得到來自他人的支持時，你一定會感到驚訝。找出感興趣的活動或團體，能幫助你與志同道合的人自然地發展出友誼關係。參加地區性的聚會或者報名一些學費便宜的課程是不錯的開始。如果你的生活圈裡正好有某位朋友參加了一大群人所組成的團體，不妨也加入他們。請記得，交朋友是一種過程，最糟的結果頂多就是發現彼此合不來。沒關係，再尋找其他的團體加入就好。與人交心需要練習才會漸漸適應，隨著時間與經驗的增加，你會感到愈來愈得心應手。

接受心理治療是另一種能在安心且不會失控的條件下，公布自己情感的選擇。不幸的是，這種資源不一定是普羅大眾所能接觸，也可能所費不貲。你可以就所居住的地區搜尋看看有無免費或收費較低的管道能得到心理治療。可以參考第238、239頁所提供的資訊，選擇適合自己的相關治療方法。如需找人談談，也可撥打其列出的電話。

請記得，治療師是
為了幫助你，你的福祉
是他最在乎的事

治療的過程可能會
帶出許多不愉快的
情緒，記得善待自己，
治療階段多加練習
自我疼惜的功課

做好離開舒適圈的
心理準備，讓治療師
知道你感到害怕和
憂慮也無妨。你永遠
可以依照自己的節奏
，展開治療

抱持開放的態度配合
治療，有些練習
一開始看起來可能很
傻或者毫無意義，
但請別帶著任何偏見，
真心地嘗試看看

保持耐心與理性，
要知道治療的過程
十分艱辛，不要期待
正向的改變會立竿見影般地
迅速發生

每一次療程結束後，
反省一下從中得到什麼？
能否將所學習的事情運用
在日常生活中？

考慮清楚你想在治療後
得到什麼成果，和治療師
一起設定目標

生活中遭遇的任何問題
或壓力，就算覺得它們微
不足道也值得提出來討論

專注在當下，
別擔心你說了什麼話，
或者時間過了多久
等問題

可以依所在的區域，
選擇最符合需求的治療
師。例如需要創傷知情的
治療師；身為同志等性別
平權族群（LGBTQIA），黑
人或其他有色人種，需尋
找相同背景的治療師

有任何不明白的地方，
儘管向治療師詢問。
如果覺得某些方法對你
無效也必須讓他們知道

剛開始時，可能會懷疑
眼前的治療師是否真的
能幫忙，不妨先試試看。
如果真的覺得該治療師
不適合你，更換他人
也沒有關係

誠實為上，治療師需要了
解關於你的所有一切。
為了治療，沒什麼難以
啟齒或禁忌的話題

將想討論的主題
列成清單，或者把治療期
間的感受寫在日記裡，
接受治療時一併帶在身上，
免得忘記要討論什麼

接受治療時哭出聲也無妨

你的工具箱裡有哪些工具？

現在你已經看過我的工具箱裡裝了哪些東西，我也邀請你開始為自己準備工具。照顧好心理健康這件事看似勞心勞力又困難，但它也可以充滿樂趣且十分充實，在這趟旅程中找到幸福是我們最大的目的。關於建立專屬工具箱的最大祕訣就是每個方法都試試看，因為可能會發現某種方法出乎意料的有效而感到驚喜。可以參考下列清單，看看其中內容是否有什麼方法可以收藏在自己的工具箱。

- ☐ 疼惜自己
- ☐ 學習真正地照顧好自己
- ☐ 設定自己的界線
- ☐ 將消極想法轉變成積極的想法
- ☐ 挑戰內心的批評家
- ☐ 建立健康的應對策略
- ☐ 學習接地，活在當下
- ☐ 把所有情感說出來、寫下來、哭出來
- ☐ 安撫自己

請記得……

練習自我疼惜是讓內心批評家
保持靜默的方法

·

有自己的界線是件好事

·

針對每個人獨特的需求，
自我照顧的方法因人而異

·

謝天謝地，
你的想法並不一定正確

·

有很多方法能撫慰自己
並且養成習慣

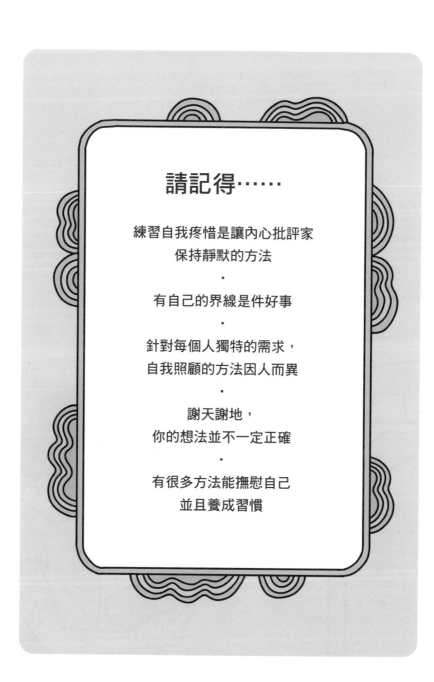

舒適圈的盡頭
勇氣
人生起伏
繼續前進

【第四章】

康復之路

The Road To Recovery

控制情緒第一步：壓力與復原

通往復原的道路鮮少平順好走，無論人生向我們投擲出怎樣的變化球，都需接受挑戰。壓力在面對困境時必然會出現，它只不過是人生的一部分。然而長期的壓力卻會損害健康，尤其會使所有讓感覺變得更好的努力備受打擊。

雖然一直努力地調整自己的情緒，但是當經歷充滿壓力的一天後，被擊倒的我仍會痛苦地蜷縮在地。所有治

療計畫中，管理壓力始終是核心關鍵。過去曾經因為日常生活中的壓力讓我什麼事都做不了，它引發恐懼症和憂鬱症，對於消化系統也造成嚴重的影響，讓我總是覺得噁心反胃，而且永遠咬緊牙關無法放鬆。

為了讓心理健康狀態變得更好，我開始尋找避免壓力的方法，最後得到的結論就是必須防止任何可能誘發壓力的事件發生。學生時期，如果被指派的作業讓我感到無法負荷而即將崩潰，便會立刻告訴老師，讓他們知道我壓力大到受不了，並請求指點該從何處著手。如果一整天下來已經倍感壓力，即使水槽裡有滿滿的待洗碗盤，髒衣物也堆積如山，我會把這些家務事留到隔天再處理。如果覺得早上的時間倉促不夠用，我會設定鬧鈴提早半小時響起，以便能更從容地醒來，免得清早就要用急忙的心態迎接一天的開始。

檢查一下自己的生活作息習慣與時間表，想想看有哪些原因造成緊迫，並且嘗試我們在前一章已經學過的解決問題以及處理情緒的應對方法。一方面能夠減少或去除壓力，再來也能幫助建立承受壓力的更大能力，調節自己的情感。

有時候並無法完全切斷壓力來源，但至少能找到應對方法，好讓壓力造成的影響降到最低。記得高中時期，在經歷了特別難熬的的某天下午，治療師教導我學習如何練習掃描自己的身體狀況。這是一種特別適合初學者使用，類似冥想的方法。她要我先舒服地坐在椅子上，閉上眼，然後專注在身體每個部位。逐步檢查有沒有哪個地方覺得不舒服、疼痛或緊繃。接著想像能動一動身體，把不舒服的感覺甩掉。你可以試著這樣做：

- 無論坐下或躺下都可以，讓自己舒服一點，然後閉上眼睛。
- 聆聽自己的呼吸。
- 你的腳掌感覺如何？舒服嗎？還是有點癢？小腿呢？肚子有什麼感覺？有點餓還是覺得飽？
- 從腳到頭頂一一檢查身上所有部位，留意任何感覺，不帶有任何想法地單純辨識它。
- 最後檢查一下情緒，現在有什麼心情？
- 再次將注意力轉移到呼吸上，釋放心中的情緒。

預防壓力

好好照顧你的身體，
要有足夠的睡眠，
攝取足夠的營養，
多喝水以及多運動

一天結束前，
找時間讓心情
平靜下來

將生活中所有壓力分門別類：

1. 藉由實際的方法能夠解決的
2. 藉由尋求他人協助能化解的
3. 無法掌控的

如果你的工作
都已經忙不過來，
練習拒絕額外的責任

將所有工作分割成
較小的段落，
在筆記中寫下來，再依照
重要程度重新排序。
可以張貼字條提醒
哪些事需要完成。
找到適合你的
工作計劃排定方法

問問自己，
在責任與休閒活動之間
有沒有取得一個
健康的平衡關係？
工作表中是否安排了
休息時間？需不需要
刪減或重新安排工作
計劃，好挪出時間
去做想做的事？

如果覺得單靠你的力量
無法解決問題，讓別人知道
你的壓力，同時請求協助

每當感受到壓力時，我就會做一次身體掃描。例如覺得脖子痛，我會將它解讀為身體承受壓力下的反應，好讓我用熱敷或塗抹萬金油的方法減緩不舒服。運用這類具體的方法處理壓力，讓我覺得能掌控一切。

處理壓力的方式有千百種，每個人都應該找到最適合自己的辦法。對於潛在的壓力，我們可以在事情尚未發生前預先規

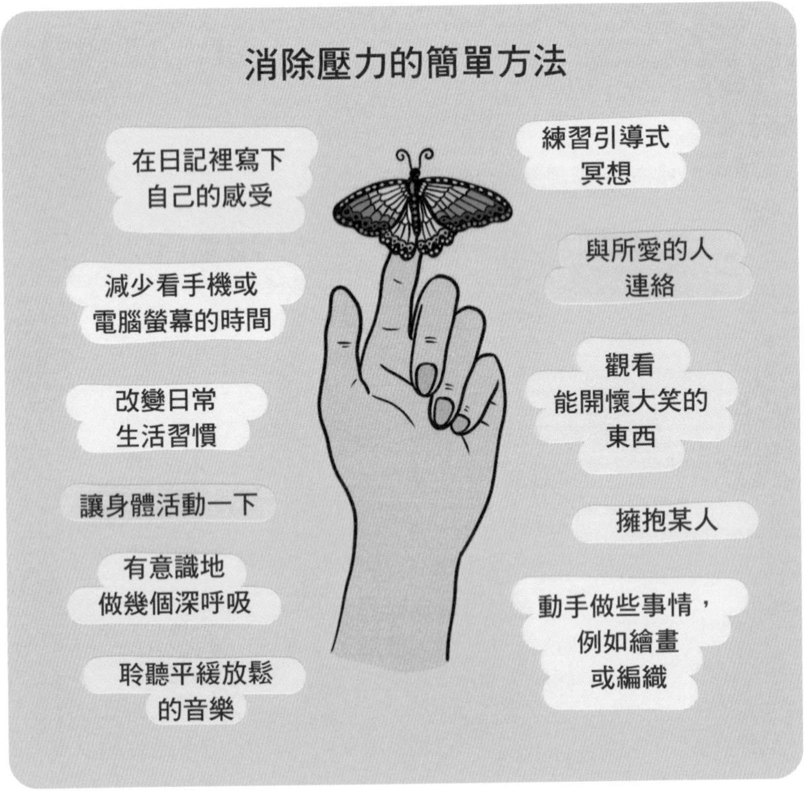

劃，一旦發生時不至於感到措手不及。預先將所有能帶來安撫的方法記下來，可以讓人覺得做好準備，同時能夠控制情緒。

工作狂處理壓力的方法

你是否曾經覺得自己在偷懶？根本沒辦法稍微休息或放鬆一下，只因為覺得還要做更多事？當一天即將結束，卻因為覺得還有很多事沒完成，所以無法快樂起來？留一點時間給自己就會感到罪惡不安，因為這些時間應該用來工作，或者做些更有建設性的事？

對於當前社會來說，不停地工作似乎已司空見慣。工作狂、奮鬥文化，做出過多承諾，逼迫自己做更多事已經成為正常現象，然而這種行為一點都不合理。人們被鼓勵要做更多事，更多生產力，已經導致生活失衡且影響健康狀況。科學研究再三表明，一般人都高估自己能專注在某件事情上的時間。也就是說，人類的大腦只能在有限的時間內發揮最佳

的執行效能，然而無論學校或職場上的進度安排總是期望人們能連續數小時不停地工作，一週至少得工作五天，更別說回到家還有其他事項需要處理，根本得不到足夠的休息。

這樣的結果讓人總覺得自己做得不夠，有些人甚至變成工作狂，將心理健康丟在一旁，榨乾所有可運用的時間來工作。心靈和身體發出要我們放慢腳步的訊息，置之不理的下場就是增加過勞的風險，危害到心理健康。

我不相信人是懶散的，而是因為受到環境的限制使人覺得自己在偷懶。

是因為懶惰，所以賴著不起床？還是因為感到精疲力盡所以爬不起來？

因為偷懶所以沒完成作業？還是因為同時需要完成五項作業，壓力太大讓你分身乏術？

人生在世都必須工作，但並非所有時間和情況都能完全在我們的掌握之下，這種感覺並不好受。每個人都需要找到能照顧好心理健康的方法，這也不是一件容易做到的事，多半得努力嘗試許多次。然而我們的確能掌握自我價值與其他事物的衡量態度，該是時候放棄必須成為「對社會有所貢獻的人」，否則就一文不值的想法，把自我價值擺在更重要的位置。無論忙於工作也好，靜靜臥床休息也好，都是每個人天生就擁有的權利。沒有理由在重新充電的休息時候覺得不好意思，也不需因為沒能做更多的事而感到罪惡感。覺得有些懶散或者沒有動力，往往就是身體發出需要休息的警訊。我們應該弄清楚什麼事更重要。

我需要往後退一步來檢視自己的人生，不是用外在的期望，而是對我來說真的有意義的角度。看到許多朋友紛紛進入大學，選擇繼續深造似乎是理所當然的事，但追求更高學歷並非我最重視的事。功成名就的滋味十分誘人，但我向來就不是想成就大事的人，真心認為賺的錢只要夠生活就好。有些人會覺得這只是不夠努力的藉口，那種感覺就像有人覺得要一個年僅六歲的孩童思考未來的理想抱負是件正常的事，還真的是讓人討厭的想法。

在我十九歲離開學校的那段日子，曾經盡可能地讓自己忙碌起來，因為覺得只有對社會有貢獻才能對自我感到滿意，也稱得上有好好利用時間。作為自雇者後，開始用金錢當作一切事情的衡量標準。我不再玩樂，因為這麼做只是在浪費時間。然而結果非但沒能對自我感到良好，反而變得更糟。我需要能夠增進心理健康的創意性質休閒娛樂。在工作與自由時間中取得平衡，讓我覺得更能掌握人生，何況照顧好心理健康能讓工作變得更加愉快。

不能用是否忙碌來決定一個人的價值，我不希望人生被所謂的精益求精的成功人士或繁文縟節所束縛，但這並不代表我是懶散的。夢想能過平靜的生活而不是忙碌的人生，並沒有問題；並非人人都需要當個模範老闆；更重視閒暇時間好做真正喜歡做的事，沒那麼樂在工作也無所謂。

如果當你休息時，心中會出現一絲罪惡感，請提醒自己，照顧好自己的心理健康是一件有貢獻的事；好好休息或者將健康視為第一優先都是有貢獻的事。每個人各自有不同價值觀，對於哪些事才算有意義的認定也不同，所以不需要拿自己和別人相比看誰比較有貢獻。我們應該重新為貢獻下定義，只要能讓自己覺得過了充實又美好一天的任何事情，都是有所貢獻的事。我們不是機器人，在世間的使命並非拚命工作直到死亡為止。除了工作之外，我們是有所需求，懷有夢想的人類。不要被有沒有貢獻定義了你的價值。

停止對自己
施加壓力的方法

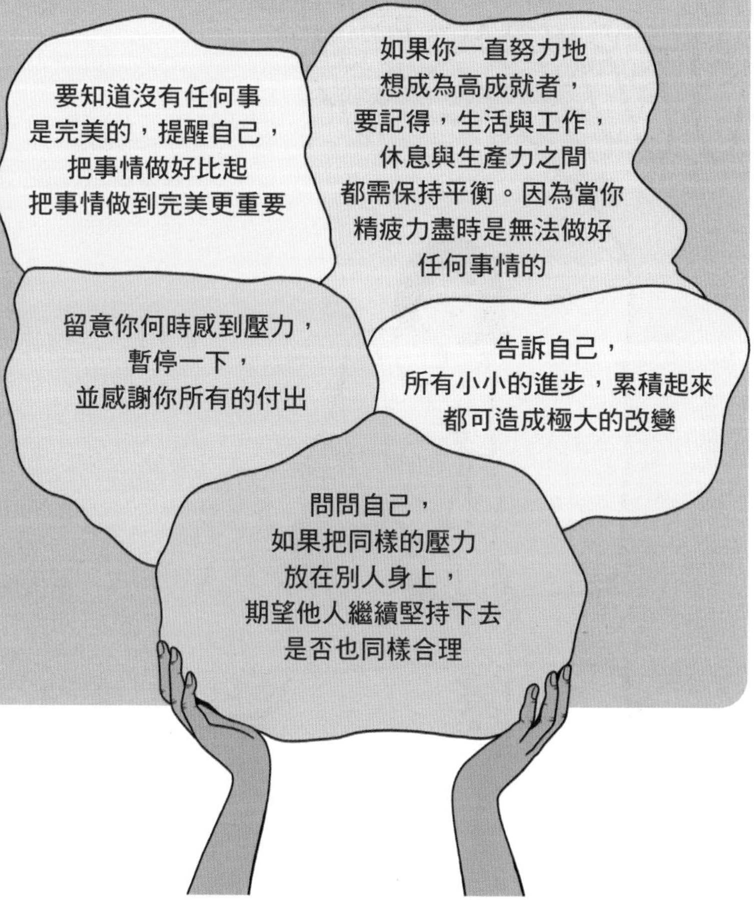
要知道沒有任何事
是完美的，提醒自己，
把事情做好比起
把事情做到完美更重要
如果你一直努力地
想成為高成就者，
要記得，生活與工作，
休息與生產力之間
都需保持平衡。因為當你
精疲力盡時是無法做好
任何事情的
留意你何時感到壓力，
暫停一下，
並感謝你所有的付出
告訴自己，
所有小小的進步，累積起來
都可造成極大的改變
問問自己，
如果把同樣的壓力
放在別人身上，
期望他人繼續堅持下去
是否也同樣合理

經常拖延
忽略需要休息的徵兆
即使心裡不願意仍答應
過於苛刻地自我要求
承攬過多根本無法完成的計劃
事情無法再拖延時才動手做
還沒開始就先潑自己一盆冷水

我正在自我傷害嗎？

如果不是
努力賺得的，
就不允許
擁有

遇到麻煩時
就放棄

小題大作

我不斷地傷害自己已經好一段時間。起初並沒有發現正在這麼做，甚至當意識到時也無法停止下來。剛開始只是一些小事情，例如把作業拖延到最後一刻才匆匆著手完成，或者需面對某重要事件的前一天，很晚了還不回家；當日子過得不順時，連必需的治療都跳過；在月初就花掉一大筆錢；管他那麼多，即使努力許久的事，說放棄就放棄。不用說，這些行為對於照顧自我的心理健康一點益處都沒有。

究竟為什麼要傷害自己呢？我難道不希望成功嗎？難道和自己站在不同陣線嗎？有時候我覺得是因為自我價值低落，認為自己不可能成功。有時只是單純地尋求快樂，即使那些快樂將帶來破壞的後果。快樂幸福絕非唾手可得。因為患有注意力不足過動症，快我很容易感到無聊。為了減輕缺乏刺激感所造成的壓力，我選擇另外找樂子。另外一些時候縱容自我傷害的行為出自於對未來的不確定感。最後一次嘗試奪回掌控的方法就是選擇放棄，因為之所以失敗是我決定要失敗，而不是因為無法辦到而失敗。

無論原因為何，最簡單的判斷方法就是捫心自問，所作所為和自己的目標與價值觀是否相符。有時我們覺得被困住了，失去讓自己感到滿足的動力。一旦生活變得難以承受時，人們很難意識到這一點。當感到無助絕望時，無法判斷所作所為到底在幫助還是害自己。如果不確定情況為何，不妨回答以下問題：

- 是否過分地不讓自己放輕鬆或者享受單純的喜樂？
- 是否覺得日常生活需要更規律一些？
- 是否過於嚴厲地要求自己進步，總覺得有許多不足之處？
- 總是給自己壓力，例如要求執行難以完成的工作？

如果發現具有自我傷害的傾向，就該留意是否真的出現這類行為。生活中哪些場合

自我傷害的徵兆

對待他人毫不設防

嚴厲地批評自己

放棄向外求援或者放棄必要的休息

設定完全不實際的目標或期望

覺得陷入自我毀滅的循環模式

感覺人生一片混亂與脫序

逃避負面情緒

妨礙自我發展

用負面眼光看待一切事物

會讓你傷害自己？當時發生了什麼事？感受到怎樣的情緒使你產生那種衝動？當下是否沒有意識到在做什麼？能不能找出誘發這些行為的蛛絲馬跡？檢視處於壓力下，以及因感到匱乏或失控所引發的行為時，記得要保持坦誠的心態。自我傷害的行為經常與負面思維模式有關，每當心中出現自己不值得被善待的念頭而有所自覺時，就有機會改善心理健康，同時消除自我傷害的行為。

停止自我傷害的策略

不要替自己設定過於嚴苛或不夠明確的目標

用積極的習慣替換自我傷害的舊習

產生自我傷害的衝動時，找出能安撫你的方法

如果換作別人執行相同的工作而感到吃力時，是否仍會同樣嚴厲地對待他人？

只要能改用健康的應對機制取代自我傷害行為，就該好好地鼓勵自己

想清楚你真的要什麼，自我傷害或者只是直覺地認為這份工作、人際關係不適合你？

練習積極地與自我對話，克服心中消極的思維

重新架構對失敗的定義，要記得失敗只不過是人生必經的歷程

請朋友幫忙提醒需要完成哪些事

排除可能誘發你自我傷害行為的事情

我無法停止與別人比較

每個人都希望能有某些與眾不同之處，或者也能擁有和別人相同的某些東西。打從孩提時代開始，我們就注意到自己和別人不一樣的地方，隨著漸漸成長，愈來愈多的比較開始影響自我價值觀。

生命中有太多機會讓我們見識到別人的成功。也許在某個寒冬的夜裡，你打開Instagram，突然發現一位薪資優渥的老友搬了新家，已經住到視野絕佳的豪華大樓。也許和一群朋友共進午餐時，某位姐妹突然秀出超大的訂婚鑽戒，大談關於蜜月旅行的計劃。或者從小到大總是不停相互比較的手足，他們的生活愈來愈上軌道，而你一如往常的相形失色。逐漸浮現的嫉妒感讓人不舒服，隨之而來的是因為無法對別人的成就感到高興而自覺羞愧，總之就是覺得自己差別人那麼多。

很難做到不去和別人比較，「比較」這種行為也揭露出三件關於自己的訊息：我們希望能擁有什麼、我們覺得缺乏什麼、以及我們對成功的定義。有時候「比較」能作為

真希望
我像她
一樣聰明
如果我的人生
能像他一樣輕鬆
該有多好？

積極改變的藍圖，只要它能激發我們用健康的心態找尋機會以及讓自己變得更好。可惜的是，比較的結果多半只會打擊信心，看到別人擁有什麼或成就了什麼，只會讓人自慚形穢。不停地比較將會造成自我價值快速地被抹殺。所以一定要意識到這種行為，要對自己好一些。

下次若察覺嫉妒心開始作祟時，不妨試試以下方法：拿張紙或者打開手機裡的記事本程式，探索心底所有情緒。以下問題可以幫助分析形成的原因：

- 能不能把對這個人的嫉妒心轉變成讚賞？這個人有哪些地方值得我喜歡？能不能試著欣賞他的優點，而不需要和他較量？
- 之所以覺得嫉妒，是否只是因為自己某些需求未能被滿足？怎麼做才能滿足它們？還有哪些願望需要實現？

多希望
我能和他們一樣
充滿自信

- 嫉妒的原因是否為害怕被人遺棄？能用什麼方法和別人討論它？如果和別人維持更好的關係，是否能讓我覺得安全些？
- 之所以嫉妒，是不是直覺裡認為沒能得到應有的賞識或照顧，因而感受不佳且缺乏安全感？我設定的界線有沒有受到尊重？

我希望
能像她一樣
表現自己
我希望能像他
一樣有能力處理
這些事
我希望和她
一樣漂亮
我希望也能
做到像他一樣
逗大家發笑
我希望能
少像自己一點，
更多像其他人
一些

找別人談一談，
你會驚訝地發現原來
很多人都和你有
一樣的感覺

像誇讚別人一樣地誇讚你，
開始注意你有什麼長處，
並且實際表達出來

當某人或某種情況下
讓你感到自卑時，
退一步想想，
專注在自我照顧上

想想看你在人生道路上
已經走了多遠，
成長了多少，
鼓勵自己一下

停止比較的方法

無論大小，
把你已經完成的事
記錄下來，
並且慶祝一番

就算是你拿來
比較的對象，
也有讓他們感到
不安的地方

要知道社群媒體上
充滿了虛假、經過
編輯修飾過的訊息。
人們只會將最光鮮的
一面呈現出來，
你不會看到他們
出糗難堪的一面

將注意力轉移到
你所感激的事物上。
想想你希望達成的
目標或夢想

要記得你是
世上獨一無二的人，
不可能有任何人
完全和你一樣

人們習慣拿自己
最糟的一面
和別人最好的一面
相比

我有「社群恐慌症」嗎？

——社群媒體與孤寂

我的第一支手機是諾基亞生產的方塊機，除了用來打電話，偶爾傳些簡訊之外，還可玩貪吃蛇遊戲。當 Instagram 問世時，我和朋友都下載了它。開心又無心機地相互取樂，例如張貼一些愚蠢的照片，底下只有三個讚也無所謂，因為這個程式只不過是幾個親密好友的連繫工具而已。那時還沒出現大量網紅、經過修圖的照片、品牌代言或者一大堆廣告。

曾幾何時社群媒體已經變了樣，它並非為了我們心靈上長遠的福祉所設計，事實上更造成背道而馳的影響。就像是從前的吃角子老虎機一樣，只不過行為從拉霸機變成不斷滑動手指好更新頁面。有時候我們看到什麼感興趣的訊息，大腦就得到一劑多巴胺獎勵。多巴胺刺激下的大腦讓我們知道這樣的行為值得一再重複。那些可能的獎勵無法預期，使人們必須經常掛在線上。現今有愈來愈多應用程式吸引人們永不停歇地滑動他們的手指，耗費一大堆時間而不自覺。無法自拔的結果給那些社群媒體商一大機會，將使用者的注意力販售給廣告業者。人們感到難以脫身，甚至因而成癮，這就是可怕的事實。

其中最為嚴重的，就是那些經過修圖後的理想身材，以及奢華生活等照片，混淆了人們的自信心。許多研究都證實大量的青少年對自己的身體感到不滿，在那麼多不實訊息連番轟炸下，孩子們怎麼可能不感到挫折？當我還是個孩子時，會和同年級其他漂亮的女生比較，現在我有機會和經過修圖之後的網美比較。如果不收小腹，擺好姿勢，再用Facetune這類的程式美化一番，這些網美們恐怕也不敢把照片貼出來。

即使你決定不受那些照片影響，還是會在螢幕上看到朋友們貼出精心策劃後的美美照片，展現他們多麼享

受人生。而你，在度過漫長又煎熬的一天後，疲累地躺在床上，覺得看著別人吃喝玩樂實在是浪費自己的時間，孤寂感油然而生。

有一次我正滑著手機，突然看到一群朋友聚在一起玩桌遊的照片，而他們竟然沒邀請我參加。覺得受到排擠的我，哭著用通訊軟體向他們抱怨。感到困惑的朋友們說：「可是你不是討厭桌遊嗎？」聽到這樣的回覆，我停頓了一會兒，接著說：「是沒錯啊，不過如果能邀請我就更好了。」雖然應該還是不會參加，但心裡難免會胡思亂想，是不是因為我不在，所以她們玩得更開心？如果沒在社群媒體上看到這張照片，此刻待在家裡的我，應該心情一派輕鬆自在。然而現在卻感到強烈的孤寂，以及錯失恐懼症（FOMO，又叫社群恐慌症）。雖然朋友們和我經常會拿我嚴重的錯失恐懼症當作玩笑話來說，但是我明確知道在感到孤單的時候，會覺得自己毫無價值，接下來開始陷入無法自拔的沉淪漩渦。

錯失恐懼症的樣子可能是……

擔心錯過了
其他人「似乎都已經擁有」
的重要基本人類經驗

覺得生活與他人脫節，
彷彿是個圈外人

如果拒絕
某個計劃
就開始
感到後悔，
因為可能
因而錯失
什麼事情

因為有幾次
沒參與朋友的
活動，就擔心
他們因此
不再喜歡你

即使不想做某件事
卻仍然同意，
因為沒參與的感覺更糟

沒有你，
別人也玩得很開心時，
就覺得沒有安全感

一直鑽牛角尖在
自己欠缺的事物上，
而沒看到已經擁有什麼

和朋友在一起時，我覺得最能做自己。從社群媒體上得到他人的回應和按讚時讓我感到驕傲，直接的獎勵鼓舞了大腦。當意識到這點時讓我感到不安，為了克服這種感覺，我在一張清單上列出這類情況下需要記得的事：

- 我需要遠離社群媒體
- 當獨自一人時，需要想一想該完成哪些事
- 我需要發自內心的肯定，而不是外在的讚美
- 我需要建立更健康的社群媒體經驗
- 就算沒和朋友們在一起，我要相信他們仍喜歡我
- 我要更努力地在獨處時也能感到知足滿意

有時候我應該婉拒和朋友見面，這樣才能練習和自己獨處，且不去煩惱可能錯失什麼。將拍攝的照片列印出來，作為自己的回憶，而非一定要公開在社群媒體上讓每個人都看到。我盡可能地將社群媒體視為和朋友保持連繫的工具，而非將它作為是否有成就或者自拍照美不美的評鑑參考。

可以將不好的感覺當成某些事情需要改變的提示，如果發現在使用社群媒體後感到空虛或寂寞，也許就是改變使用法的時候了。當你開始比較時，記得提醒自己社群媒體上的訊息大多已經過精心策劃；限縮上網時間，好讓你關注真實世界裡更重要的事。如果擔心不能沒有社群媒體，其實很多人都跟你一樣，可以參考第238、239頁的資訊，了解更多訊息。

社群
媒體
生存
指南
追蹤能
讓你感到受激勵、
獲得支持，
以及有歸屬感的人
不要追蹤
讓你覺得自己
不夠好，或讓你
感到沮喪的人
真實人生
比起線上經驗
更為重要
多瀏覽
積極的
網路訊息
控管瀏覽
網頁的時數
不要搜尋
會感到沮喪的
內容
提醒自己，
網路上有太多
訊息都經過
重度編造修改
清早起床的
第一件事
以及深夜時
別再滑手機

如何和精神疾病患者相處？

——人際關係與精神疾病

良好的人際關係能改善我們的心理健康。無論是柏拉圖式的愛情關係、家族間或浪漫戀人的關係，任何健全正向的相處模式都能帶給人安全感，覺得自己有所歸屬。然而不穩定又痛苦的人際關係則可能讓精神疾病變得更加惡化。任何一種人際關係對於我們的心理健康都會造成影響。

與精神疾病者約會

如果希望彼此的關係
能長久發展下去，
就需坦誠地將你的經歷
告知對方

鼓勵你的伴侶了解
你正在經歷的事，
如此一來他更能明白
人生旅途上怎麼做
才能對你發揮最大的
支持力量

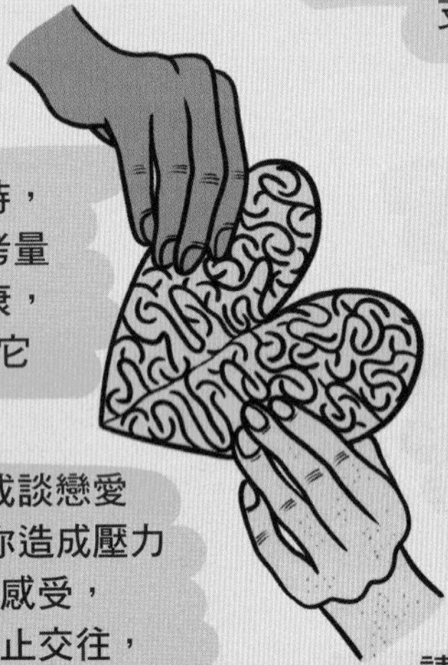

兩人在相處時，
還是應優先考量
你的心理健康，
並努力改善它

確認有很多
不同的朋友能在
各種不同狀況下
幫助你，
不要讓你的伴侶
變成唯一的
支柱對象

如果在約會或談戀愛
的過程中，對你造成壓力
或帶來負面感受，
應考慮暫時停止交往，
直到覺得已經準備好時
再繼續

請記得精神疾病
不會讓你不配得到
或者無法享受愛
以及有意義的
人際關係

因為患有精神疾病，
你和你的伴侶都需了解
交往過程中彼此的付出
可能無法對等，
有時候你可能無力
給予那麼多

在我十七歲時遇見生命中一個特別的人。作為交換學生的他來自美國，讓我第一次從心底嘗到渴望愛情的痛苦。當學期結束，他必須返國時，我感到極度心煩意亂。他也想繼續留在瑞典，但是沒有地方可住。出乎意料的是，母親居然建議他可以和我們一起住，而他也同意了。在搬到屬於自己的地方之前，我們先一起住在兒時的家。

愛上某人的感覺真的非常特別：你會覺得似乎所有事情都在促成彼此相遇，而這份愛成為能夠抵禦冷酷世界的緩衝力量，使得一切事情都變得較能忍受。

原本不確定精神疾病和愛情在我的腦中混合後會變成什麼模樣，結果發現出現了極為強烈的後果。愛情的血清素讓我成癮，我願意不惜任何代價來守護它。我感到焦慮，自我價值感低落，經常擔心自己過於敏感及多變的情緒，有可能將他從我身邊推開。即使和一般朋友交往，精神疾病也像個多事者，是出現在藍天中的一片烏雲，有時候甚至連朋友間也難以維持良好的關係。如果連自己都自顧不暇，哪有餘力去照顧別人。朋友間互惠的關係中，精神疾病讓人感到匱乏。你發自內心地想在朋友需要你時給予協助，卻發現什麼事都做不了。

因為還年輕，也有這一切感受，當發現終於找到能分享一切的伴侶時，我也對他全心付出。然而腦海中卻不斷出現一種聲音，問我：「你覺得他能受得了你多久？」如果連我都無法忍受自己心裡的聲音，也一定會擔心當他聽到那些想法時會有多麼疲累。他從不曾讓我覺得是個累贅或者做錯了什麼事，十分珍惜這份感情的我也決心盡最大能力維持住健康的關係，努力扮演

危險的人際關係

- 他們侵犯你的個人界線
- 他們背叛了你，卻假裝只是無心的小玩笑
- 他們試圖控制你
- 當發生爭執時，他們會對你吼叫、辱罵或者表現粗魯的行為
- 彼此的關係中缺乏信任
- 他們無法用健康的態度和你溝通
- 和他們在一起之後感到疲憊不堪
- 當和他們在一起時，你覺得無法做自己
- 他們將你視為唯一的情感支柱
- 彼此的目標不一致
- 經常感覺不到尊重

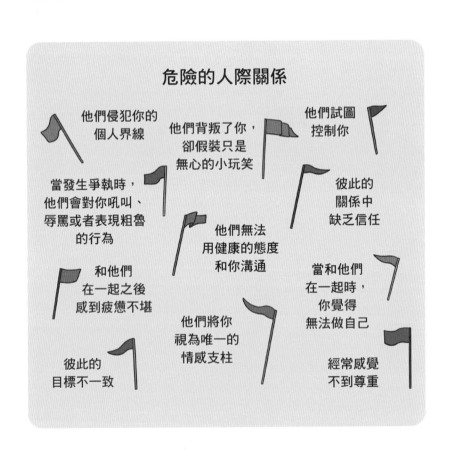

好能施與受的好伴侶。

患有精神疾病的人，比起一般大眾更容易成為暴力及虐待下的受害者。不幸的是，並不是每個孩子的成長過程，都有機會遇到健康人際關係的模範可供學習，以至於長大成人後仍不明白什麼叫做健康且能互相扶持的人際關係。這樣的結果會讓人變得脆弱，並且容易陷入一種毒性或受虐的人際關係中，無論在孩提時代或成

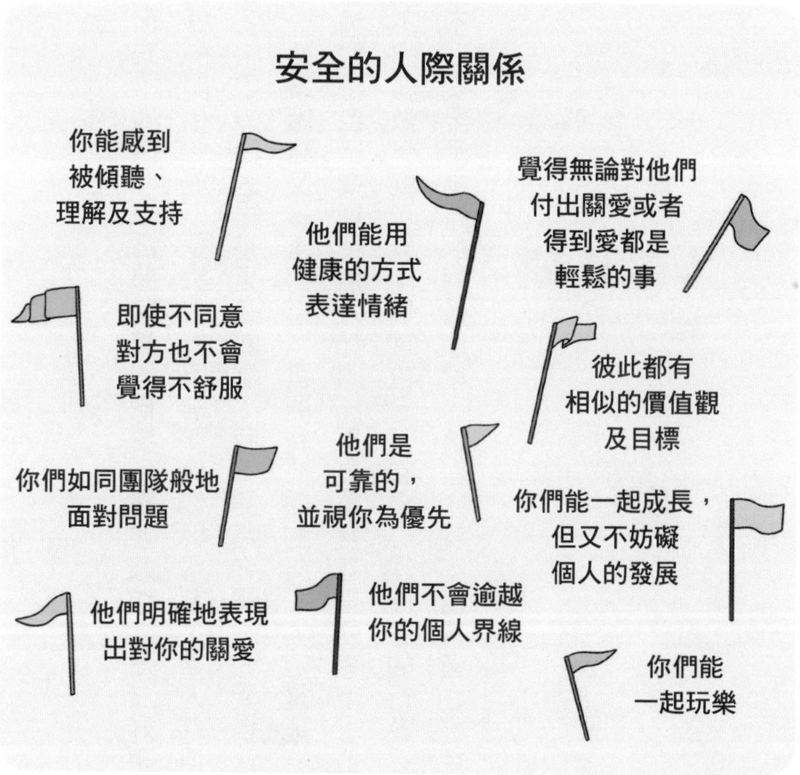
安全的人際關係
你能感到被傾聽、理解及支持
他們能用健康的方式表達情緒
覺得無論對他們付出關愛或者得到愛都是輕鬆的事
即使不同意對方也不會覺得不舒服
彼此都有相似的價值觀及目標
他們是可靠的，並視你為優先
你們如同團隊般地面對問題
你們能一起成長，但又不妨礙個人的發展
他們明確地表現出對你的關愛
他們不會逾越你的個人界線
你們能一起玩樂

長後都一樣。

心理健康問題對於人際關係來說，如同一道需要跨越的柵欄，在與其他人建立好關係之前，必須先和自己建立起良好的關係。並不是說我們不需要保留與朋友、家人或情人相處的空間，只不過打好與自我相處的穩固根基更是關鍵。我不認為你需要先愛自己才有辦法愛別人。愛自己可能是一件既困難又複雜的事，需要長時間的努力。但是能夠為自己設定界線絕對有必要，無論對待自己或對待別人都應該用友善且尊重的態度，並且滿足自己的需求及渴望。若是不這麼做，就可能向傷害自己及有損心理健康的行為妥協。和任何人相處時，如果感受不到安全及支持的對待態度，這些人就不值得留在你生命中。

他沒有離開，而是永久駐留於心

——哀傷及損失

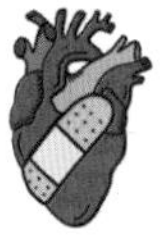

本章節的內容涉及哀傷與死亡的經驗，如果還沒準備好面對它，請先跳到第208頁。

生命中的某些經歷讓人難以承受，最珍愛之人或重要的物品離自己而去的感受尤其痛苦。失去所愛讓人悲痛，哀傷可說是為了愛而需要付出的代價。對我來說，沒有任何一種哀傷比起生離死別造成的衝擊更為強烈，而我也盡可能避免遇到這類事件。直到二十歲那年，爺爺因為快速惡化的胰臟癌突然撒手人寰。

心愛的人過世加上親自體會人終究會死的衝擊彷彿將我石化，已經想不起來爺爺病情轉變的過程。腦

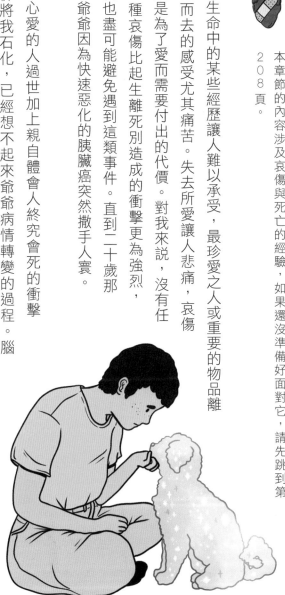

心碎
或者一份
友誼的
消失

生病之後，
曾經的
生活以及
自我
都改變了

流產、
死產或者
想成為
父母的
夢想破滅

海中留下最鮮明的記憶，就是爺爺虛弱地坐在他的皮沙發中，聆聽黑膠唱片播放著布魯斯・史普林斯汀所唱的〈消失〉。那時我心裡還在想，爺爺到底明不明白歌詞的意思。過世的那天我們都在醫院陪伴他，明知這將是此生最後一次見面，悲痛欲絕的心裡卻完全不想承認這件事。爺爺在我生日的前三天嚥下最後一口氣，在這種時刻慶生感覺十分奇怪，我也沒有心情。不知道該如何處理哀傷情緒的我，像隻背著厚重外殼的寄居蟹一般退縮回自己的內心世界裡。我不想讓任何人分擔這份傷痛，也不想參與任何追悼會。自己的哀傷就已經很痛苦，看

失去
信仰、
身分以及
歸屬感

失去工作
或穩定的
財務狀況

經歷
創傷後
失去
安全感

到整個家族都陷入哀痛中，那種感受更是十倍以上地難以承受。一個人的離世永遠地改變了每一件事。悲傷的感覺不僅痛苦，同時也讓人害怕。因為你會覺得有一種無形的力量，牢牢地拴著你和那位已經離世的親人，每當想起他時就會出現。哀傷的感覺十分複雜，因為對人們來說，死亡這件事非常難以理解。

經歷了爺爺辭世所造成的傷痛，我突然發現過去也曾有多次類似的感覺。因為不僅是所愛的人死亡會帶來傷痛，一段關係的結束，或者失去重要的物品時，也都會出現那種感覺。

表達哀悼的方法沒有所謂的好或壞，可以每天哭泣，一滴淚都不掉也沒關係；找人談一談，或者將所有情緒都藏在心裡。我總是在想：「痛苦的感覺什麼時候才會減輕？何時才能不再傷痛？」之後才漸漸發現哀傷並不會真正消失。你並不會忘記失去某人的傷痛，無論每當有人提到他時，在他的生日前夕，或者生命中發生了什麼新鮮事而急著想與他分享時，所有感情就會再次浮現。如同無法讓消失的某人重新回到身邊一樣，我們也無法完全抹去哀痛。但隨著日子一天一天、一年一年地過去，我們會慢慢習慣他的

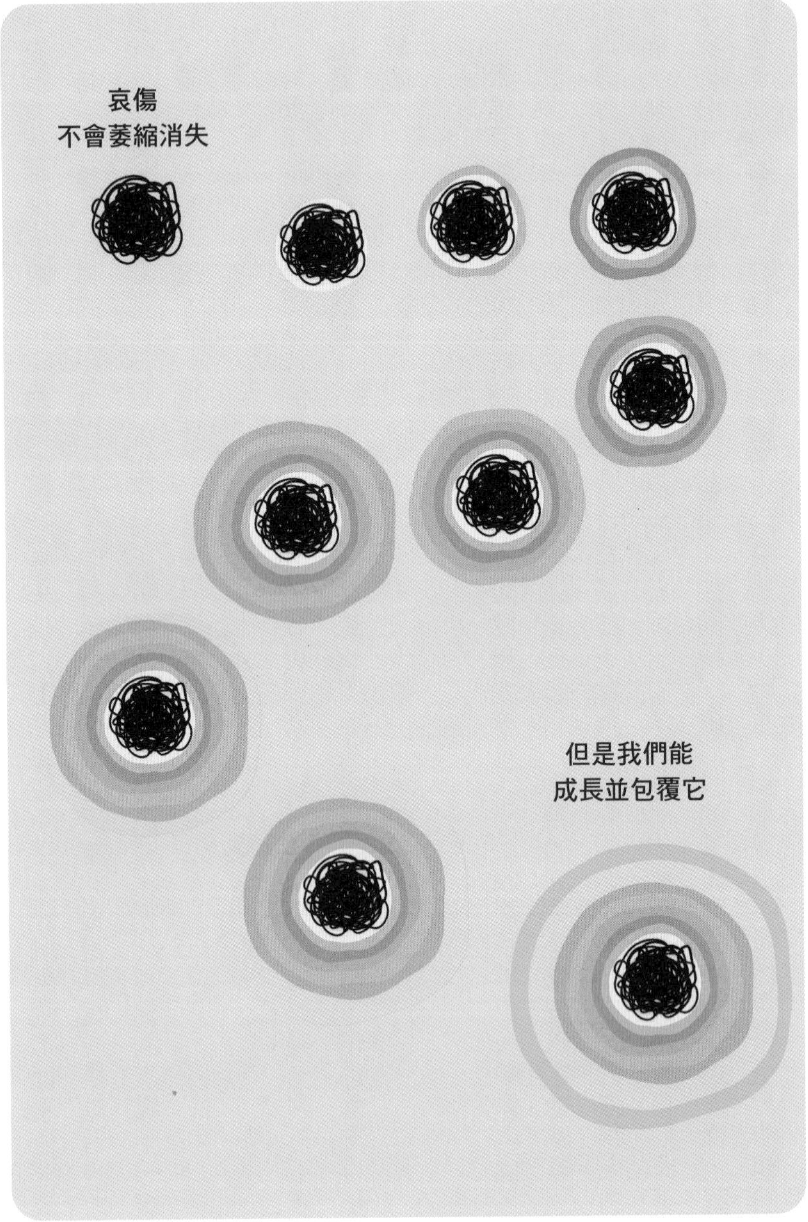
哀傷
不會萎縮消失
但是我們能
成長並包覆它

缺席。生命持續擴展，終會有天當想起他時，不再出現椎心之痛，而是一種遙遠且溫暖的回憶。因為我們已經學會了包容與接納這些傷痛成為生活的一部分。

然而當這樣的創傷剛發生，心裡仍在淌血時，一定要照顧好情緒健康。悲傷無可避免，但仍然有許多方法能幫助我們度過最煎熬痛苦的時刻（請參考我在第２０６頁的建議）。即使感到悲傷到極點，但請記得哀傷和沮喪是不同的兩件事。如果已經傷心難過到食不下嚥，無法入睡，或者感到人生不斷地萎縮，那麼應該找時間與專業人士談一談。

在面對失去時，我認為盡情表現出心中的傷痛是件重要的事，因為那是真情流露的反應。無論用哪一種方法表達悲傷都沒有關係。無論是親身經歷或者看到旁人的哀慟表現，我非常清楚這有多麼痛苦，而且讓人覺得一切都從此改變。我們的世界的確已經改變了，但往後的日子會過得愈來愈平順。隨著時間過去，生命歷練日益增加，就不再讓人覺得無法走出傷痛。也許不知還得過多久才能不再感到哀傷，但時間能幫助我們復原。照顧好自己是撫平創傷過程中很

處理悲傷

將你的睡眠、飲食
及情緒上的需求視為
第一優先

採取積極的行動
來慶祝及珍惜
現有的人生，以及與
所愛者的關係

盡量保持
規律的生活，好讓
日子更為充實

給自己時間
及空間，好感受
與抒發心中情緒

無論感覺為何
都與對或錯無關

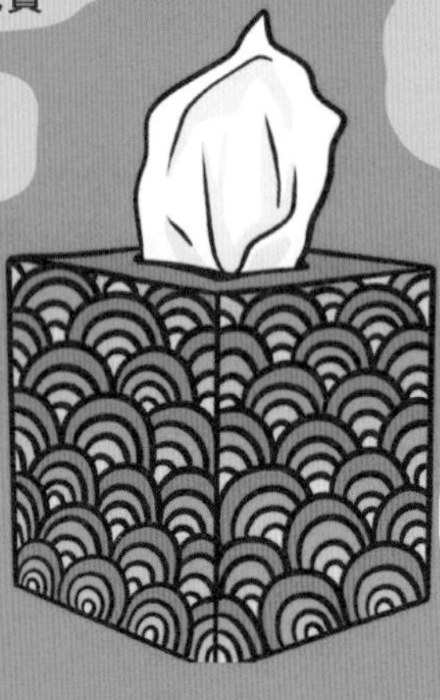

當感到不知所措時，
不要害怕接受
或尋求別人
實際的協助

避免在悲傷的時刻
做重大的抉擇

考慮建立
一種新的傳統來
緬懷逝者，
以便紀念他們

向所信任的人
傾訴心中傷痛，
或者藉由日記整理
你在經歷傷痛時
的所有思緒

重要的功課，各種合適的照顧工具就像是生活中的救生衣。多找時間與朋友相聚，走到戶外，體察自己的情緒，天冷時記得多穿點衣物，藉由音樂、香氣或味道來舒緩心情。總之，建立各種生活儀式，好讓日子過得更容易。當逐漸釋懷，覺得生活開始回歸到原本樣貌，請記得這並不表示你背叛或者遺忘了那些已不存在的人或物。有時人們可能會因為悲傷的情緒變淡而出現罪惡感，經歷了伴隨悲傷而來的一切情緒時，仍然要善待自己。無論如何感受、處理或回憶，都沒有對或錯的問題。

坦然迎接生命無常

——繼續前行

二十歲之後，我總是不斷地想：「要到何時事情才能如我所願？所有苦難何時才會結束？為什麼事情老是出錯？」事實上人生本來就充滿困難，很容易讓人感到為什麼所有倒楣事都同時出現。對每個人來說，最大的挑戰就是學習如何坦然面對生命的不確定性及障礙。努力地想讓自己的精神問題得以復原時，即使再微小的麻煩事都可能把美好的一天變成戰場。了解自己需要什麼，以及找尋能讓自己感到舒服的方法，是改善心理健康工作的重要一環。安排適當的時間進行能振奮精神的活動，就能在你和壓力之間建構出一層緩衝墊，所以收集能增強耐壓性的各種心靈工具是邁向健康的方法。將所有問題區分成能夠控制、改善或解決的，以及無可逃避而必須接受的。但即便如此，你還是可以用不同方法安慰及鼓勵自己。

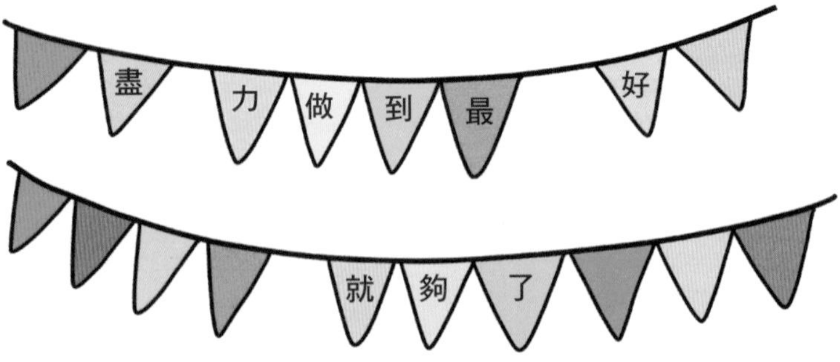

請記得……

練習管理你的壓力

．

找時間放鬆一下

．

認知任何自我傷害的行為

．

每個人的生命旅程都是獨一無二，
與他人比較沒有任何幫助

．

慎用社群媒體

．

健康的人際關係有益於
你的心理健康

．

你一定能從傷痛中走出來

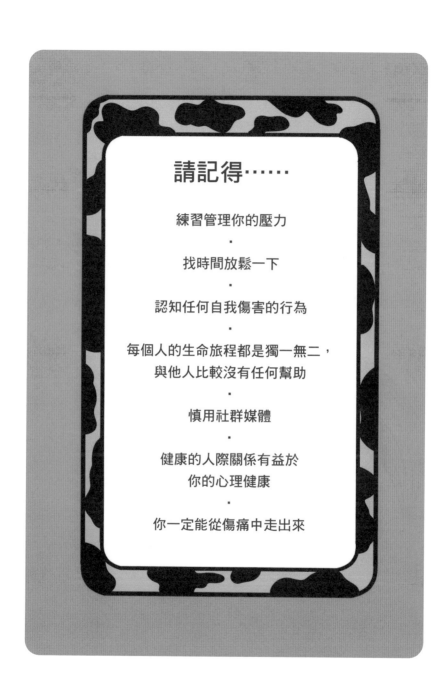

【第五章】

你能
蓬勃發展，
而非苟延殘喘

You Can Thrive, Not Just Survive

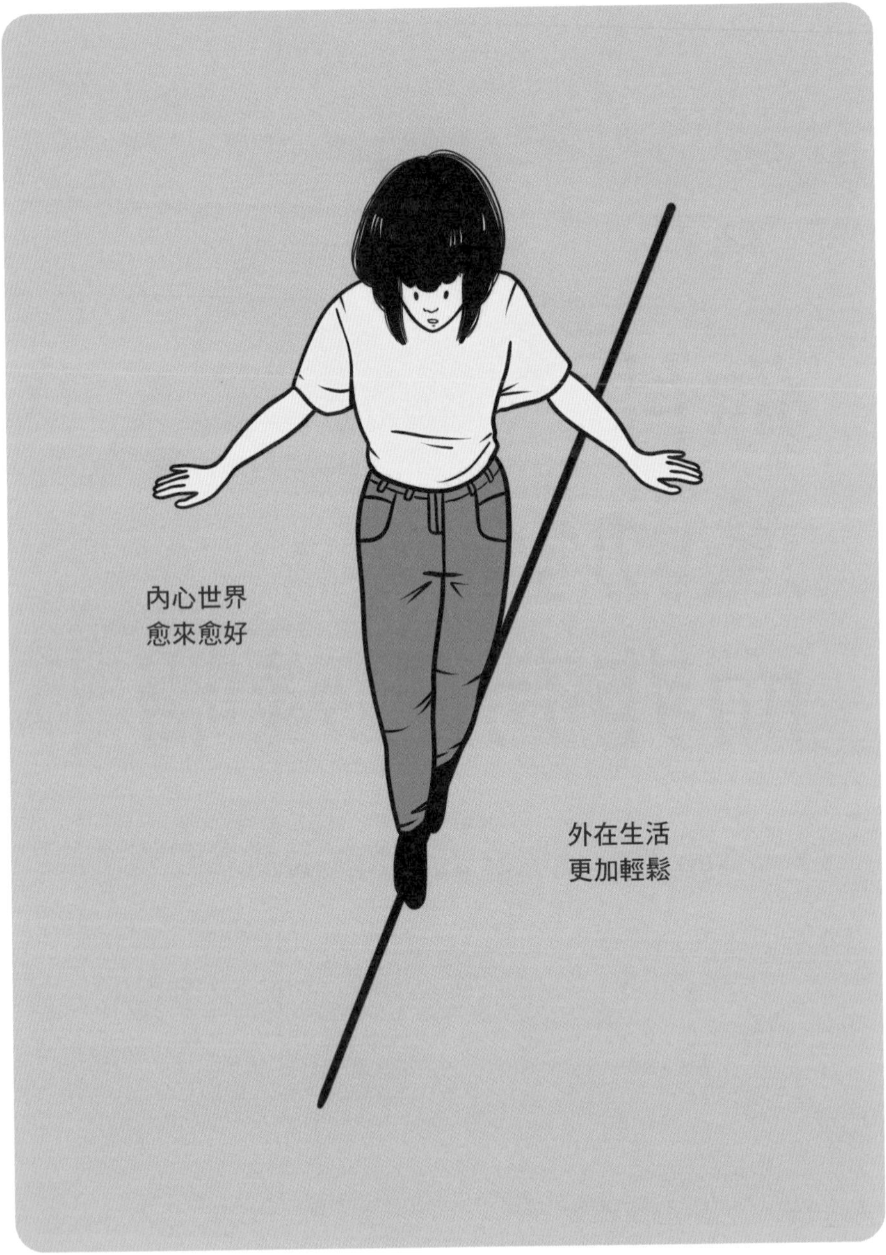
內心世界
愈來愈好
外在生活
更加輕鬆

讓生活服服貼貼

當覺得連好好活著都很辛苦時，未來終將有一天會發現幸福的念頭似乎遙不可及，難以想像。而在遇到那些有相同人生經歷的人，看見他們仍努力地成長茁壯，也激勵我想辦法改變自己的生活。人生本來就充滿各種新挑戰，每個人都有必須面對的挫折困境，因此我們都需要問問自己：「怎麼做才能讓我的生活變得更好？我要如何滿足每天的需求？」

我個人認為在照顧心理健康時，無論是使用藥物或談話療法，人們大多專注在如何治療症狀，很少顧及怎麼做才能讓生活變得更適宜。毋庸置疑，藥物能讓人覺得舒服些，但是我從未感受到治療方法是針對個人的需求而設計的。我被告知這些精神病症是因為腦袋裡錯誤的化學物質所導致，然而日常生活遭遇的壓力，以及未能被解決的創傷使得症狀變得更加惡化。

我心裡充滿許多疑問，我有沒有依照自己的價值觀過想要的生活？是否看出生活缺乏了某些意義，彷彿有什麼事正一點一滴地消失？即使處於當今這個將許多責任義務凌駕在心理健康需求上的社會，我仍然確實將心理健康視為優先嗎？

回想尚未被診斷出患有學習障礙的孩提時代，那時人們對於神經多樣性的表現也缺乏了解，我只能獨自面對所有痛苦。也正因為這些問題長期以來未能被重視及解決，我必須自己想辦法處理它們。一年級時和一名來自波蘭，完全聽不懂瑞典話的女孩成了朋友，比起其他瑞典同學來說，和她「交談」似乎更輕鬆。雖然好像已經過了抱洋娃娃的「正常」年紀，我還是帶著填充玩偶到校，好安撫緊張的情緒。同時也在學校找到某個祕密基地，感到不知所措時可以躲在那裡痛哭一場。那個時候還沒被診斷出患有數學學習障礙，數學課對我來說簡直就如同地獄一般痛苦（直到現今仍對算術感到嚴重焦慮），必須想出別的辦法來計算。即使已經長大成人，我仍不斷地尋找能和大腦協同工作的方法，而不是去對抗它。

唯有認識自己，才能開始思考該用什麼方法面對感到困惑的事，設法茁壯成長。方

問題	解決方法
我總是找不到錢包	換一個顏色鮮豔的錢包
感到沮喪時， 連髒碗盤都沒辦法清洗	當你覺得沮喪時， 改用免洗紙餐具
總是忘了該 做哪些工作	用手機設定提醒通知， 或寫在紙條上並貼在明顯處
意志消沉時習慣搞自閉， 斷絕人際關係	將社交活動排入 每週的例行作息表中
忘了吃藥	把該吃的藥黏貼在大門內側 與視線平行的位置
家裡亂七八糟， 卻不知該從何著手整理	用定時器設定十五分鐘，播放喜歡的 音樂，然後能做多少算多少
沒辦法忍受 無聊的工作	找朋友陪伴你，彷彿有個 替身般和你一同工作
總是拖延到 最後一刻才動手	設定一個提前的虛擬截止日期， 並依該期限完工

法不需要與別人相同，也不用非得把事情做到完美不可。根據自己認為合理的標準，找到自我價值與信念，並且制訂能鼓舞自己的生活模式。舉例來說，在做無聊乏味的家務事時，我喜歡收聽教育性質的廣播節目，這讓我覺得學習到某些知識，而不是被卡在那些無趣的事情中。一陣子後感覺如開啟自駕模式，身體會自動地進行清潔整理工作，而心思則從那些有趣的知識中得到滋養。注意力不足過動症讓我沒辦法好好地規劃工作，所以必須想出不同應對策略，好讓工作能較順暢地完成。

當我為未來的工作預做準備時，總會對自己說：「未來的瑪蒂達一定會非常高興從前的瑪蒂達為她做了那麼多事！」帶回家的每件東西都有固定的存放位置，如此一來就能知道誰在什麼地方。根據自己的能力與獨特需求，經過許多年的不斷嘗試與改進，我已經細心地建立好日常生活作息模式。制訂符合需求的生活模式，我建議你把日常生活中最常遇到的問題寫下來，再請信任的親朋好友協助，找出合理且可行的應對方法。

要想讓生活變得更易管理，很大的關鍵在於是否認識自己以及需求。發展出不穩定的自覺是精神狀態不佳時可能出現的風險之一。每個人的能力及挑戰都不相同，變得更好並非指需要改變所有一切，而是找出可將能力用於面對挑戰的最佳方法。

學習如何自我領導是實用的課題。所謂自我領導是指認清楚當下的自己具有哪些特質、價值觀以及興趣，以便幫助達成目標，讓生活變得更容易的態度。有了以上認識，就能明白自己的人生目標，同時知道該如何最有效率地激勵自己，發揮所長地達成目標。

以下是一些能幫助你發展自我領導的可行技巧：

- 找出可以完成的個人目標，無論只是每天把碗盤洗乾淨，或者找到一份更滿意的工作都可以。
- 留意在朝目標邁進時的任何進步，無論大小都值得慶祝。
- 想想看你有哪些能力，以及如何將它們用於實踐目標。
- 寫下三件希望在人生中能養成的新習慣，例如練習設定界線，或者嘗試新的整理歸納技巧以免忘了重要事物。
- 想想看當遇到困難時，什麼原因誘使你放棄，有什麼方法能安撫你以便迎向挑戰。

自我領導意味著你必須帶領自己，而不是依賴其他人告訴你要做什麼。藉由養成能更簡易激勵你的新習慣，同時找到真正合適，相對來說更有條理的執行方法，你一定能成為自己的冠軍。有時發揮創造力，並使用非常規的方法來面對挑戰也不錯，尤其是在心理健康較為脆弱的時刻。

我喜歡自我領導，因為如同先前的討論，它能讓我們的心靈成長，擁有「重新定義什麼事才重要」的自由，同時讓你知道怎麼做才能真正照顧好個人需求。青少年時期的我，經常會被僵化的思維模式所困，面對不擅長的事物總是在嘗試前就先放棄。因為萬一失敗，我會感到無法掌控一切且顯得無能。現在的每一天，我都在強化讓心靈成長，找到能讓自己不帶有期待地嘗試新事物的控制能力，從嘗試及失敗中學習教訓，找到更多勇氣與力量。只要我們將失敗視為進步的指引，就能對自我領導更具信心。將自己視為人生旅途中最信任的對象，他將會不斷地為你加油打氣。

未來的事，交給未來的你負責

——如何讓憂慮變少？

憂慮就像片片雪花一樣，如果放任它們不管，不斷累積的結果終將成為厚重的雪塊。每個人在某些時候都會擔心，若是不能找時間適當地處理這些情緒，很快地它們就會轉變成為身體上的壓力及焦慮。

即使最輕微的小小不便，在焦慮的情況下都會讓人覺得是迫在眉睫的巨大災難。當我感到焦慮時，總是會莫名其妙地覺得自己就快死了，而死亡會讓人更加緊張擔憂，於是就開始陷入可怕的惡性循環中。這種問題在青少年時期最嚴重。

更加焦慮的結果只會讓事情變得更糟，直到

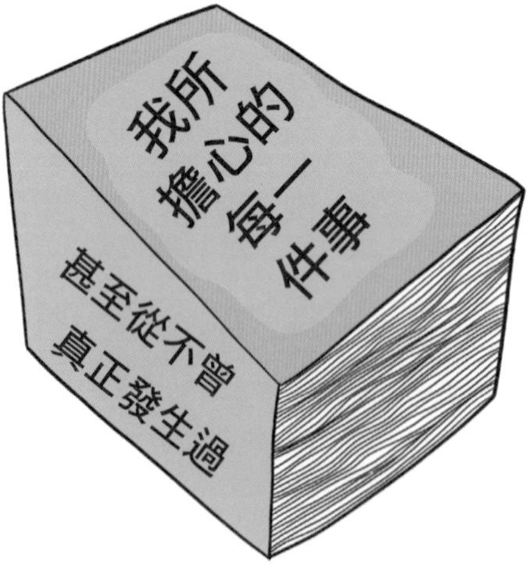

某一天，感到極度恐懼的我突然對自己說：「如果我死了，就死了，接下來任何問題都與我無關了。」

這句話聽起來有點刺耳，卻發揮了功效。死亡雖然是我心中最大的恐懼，但自己嚇自己的結果使情況變得更糟。然而當完全接受這樣的事實，假設最糟的情況真的發生，我真的死了，而我也無能為力改變任何事，如同每個人都有一天得面對這件事一樣，世界並不會因而停止轉動。我的憂慮只是讓我更加受罪，而每次為死亡擔憂也只是浪費生命而已。

在真正死亡之前，有必要去擔心那些根本無法控制的事情嗎？當然不要。為什麼我那麼害怕死亡，它和出生一樣不都是自然會發生的事嗎？何況我完全不了解死亡到底是什麼。為什麼要因為無法控制某些事而擔心？為什麼不能用好奇心來取代恐懼？

當你全部接納那些討人厭的「萬一怎麼樣」的想法時，無疑讓自己遭受巨大的傷害。不斷地思索那些無法掌控的事只會延長痛苦時間。學習全然接受，即使是最糟的結果，也能為這一切畫下句點。

另一個對抗憂慮的解藥就是學習抗壓的能力。那是一種讓我們即使在生活中遭受巨大壓力，仍不會變得更糟的能力。我們不可能掌控每一件事，但能學習在面對困境時，更佳地掌控如何反應。我無法閃躲生活中所有壓力，但是能改善回應的方法。藉由增加壓力的耐受性以及學習到的應對技巧，就更能適應無可避免的壓力或擔憂。

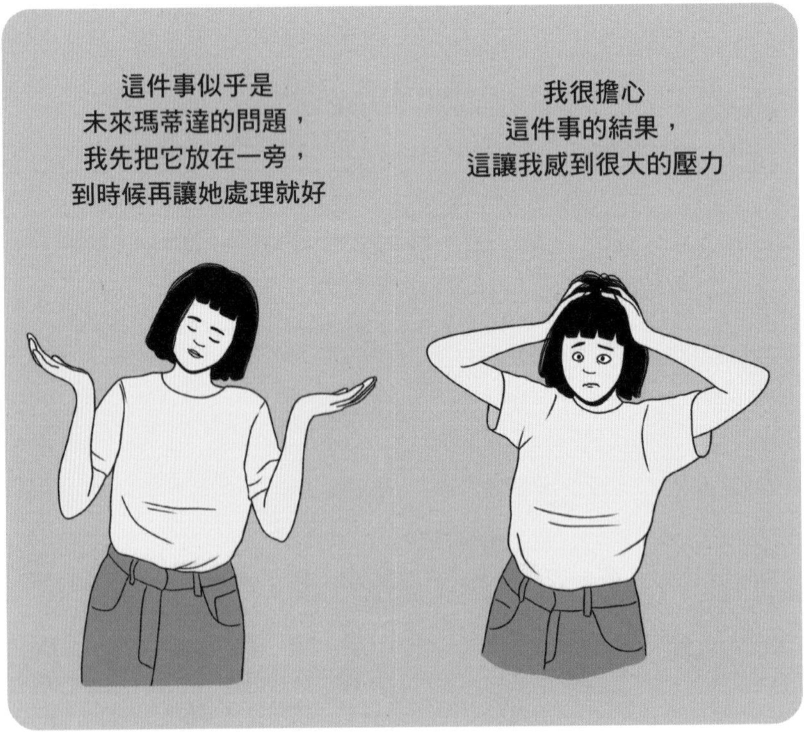
這件事似乎是
未來瑪蒂達的問題，
我先把它放在一旁，
到時候再讓她處理就好
我很擔心
這件事的結果，
這讓我感到很大的壓力

當感受壓力時，我喜歡實際地退後幾步，彷彿對大腦傳遞出我已經離開當下處境的訊號，站在新的立足點上以便觀察。觀察身體每一處的感受，什麼地方有壓力，心裡真正的想法又是什麼。接著將注意力轉移到所處環境，是否有真實的危險存在？附近有沒有可信任的人或者能撫慰我的物品？外頭的天氣是陰天嗎？等到觀察完畢，再仔細地想想看接下來該怎麼做。需要呼吸更多空氣嗎？或者甩動一下身體？原地跑一跑？我最喜歡的處理方法就是淋浴。站在蓮蓬頭下，將水溫從熱調到冷以便感受溫度的變化，這種方法讓我覺得能夠掌握身體的感受。我也喜歡想像所有的壓力會隨著流水而被沖洗掉，流進排水孔後離我遠去。用條溫暖的大毛巾包裹身體，再做幾次深呼吸，接著對自己說：「我挺過來了，最糟的時刻已經過了。即使現在仍感受到極大的壓力，但我是安全的。」

我也會讓未來的自己分擔憂慮。每當面對重大的憂慮事件，察覺到所有的壓力與恐懼開始步步逼近時，我會做幾個深呼吸，然後告訴自己，未來的瑪蒂達稍後就會接管這件事。此刻的瑪蒂達因為感到心力交瘁而無力承擔。同時因為她感到十分無助，現在也顧不得這件事了。如果還需要繼續處理的話，我相信未來的瑪蒂達一定能勝任。這麼做的結果，大多數時候都會變得沒事。

應對的陳述

從前我曾經辦到過

我要讓這種感覺慢慢消失

有些日子本來就比較難熬

我覺得不大舒服，因此要對自己更好一些

今天真是受夠了，我要想辦法讓明天好過些

我還沒遇過我無法度過的時刻

我不可能改變或控制每一件事

我不會被我最糟的時刻所定義

痛苦是人生無可避免的一部分

我不喜歡這樣，但我一定能適應

看開，就能海闊天空

——應該放手的事

對某些人來說，生活中一切事物都按計劃進行才有安全感。因此當事情出現變化或消失會深深地困擾我。

人們很容易就將失去的時光浪漫化，因為和過去所感受過的傷痛相比，當前的痛苦既真實又急迫。即便我們理性的大腦知道該放手，繼續向前走的決定是正確的，但感性的大腦卻有不同感受。舉例來說，如果失去了一個朋友，我們曾經感受對彼此的愛並不會因為人的消失而變不見。這時放手就是一件痛苦的事，因為它由不得我們決定，不是我們所能掌控。

長久以來
我一直
帶著這個東西，
早已忘了
它有多重
直到放下它
之後才知道

要學習活在當下就必須繼續前進。過去的事不可能改變，不斷地回憶過去讓我們無法為當前做出正向的改變。當我因為必須放手或放棄過去的某些事而掙扎時，自有一套應對策略。為了放手，我試著為生活添增新的事物，好填補失去的空缺。能夠用其他事物取代所失去的嗎？是否期待得到一聲沒聽見的道歉？是否需要為犯下的過錯原諒自己，因為當時能力有限？需要痛哭一場或者將心情寫下來嗎？有時候並沒有任何清楚的答案能回答這類問題，不過我有其他的訣竅。

放手的訣竅

提醒自己，並不一定
非得是永久性的事情
才重要，或者才能
讓你的人生有意義

給予時間為失去哀悼，
記得在這樣的過程中
對自己好一些

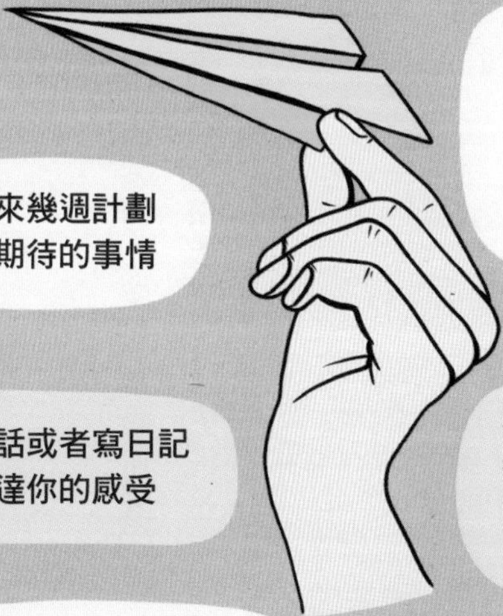

將注意力
放在你身上，
坐下來好好想一想
如何改善日常生活
以及獨處的時光

為未來幾週計劃
值得期待的事情

藉由談話或者寫日記
來表達你的感受

在一段關係結束後，
很容易將它理想化。
試著用現實的角度
思考它

在你與想放手的事情
之間營造實際距離，
能讓這樣的轉變較容易些

安排時間與自己
約會並慶祝一下

想像進入人生中的新篇章，
並期待新的開始
充滿一切可能

生活原來處處充滿感激

——尋求一線曙光

即使生活中有許多事值得去感謝，像是有著可愛的家庭、經濟收入穩定等，然而因為我的精神狀況不佳而無法享有這份權利，過去很長一段時間始終拒絕感恩。生活中再怎麼光明美好的一面，患有精神疾病時只會用負面的態度看待它，讓它全都變了調。對於根本無法想起最近一次感到喜樂與滿足是什麼時候的人來說，幸福的人還真是讓人討厭。不過感恩真的很重要，特別當生活陷入困境時，提醒自己想到世上還有許多美好的事情，能讓困苦變得沒那麼沉重或難以逃脫。感恩並非要我們忽視不好或痛苦的感受，而是要保有珍惜美好事物的空間，即使再微小的事也無所謂，有如在紅塵俗世間種下喜樂的種子。

你是否對於人生抱持足夠感恩的心呢？不妨問問自己以下問題：

我的精神疾病的
一線曙光

對於其他飽受心理健康
困擾的人，我深表同情
並給予支持

我和那些
理解我為何掙扎
以及過去經歷的人
保持連繫

因為精神疾病讓我尋找
並學習更多如何變得更好
的資訊，除了幫助自己
之外也與別人分享

分享我的故事，
能讓同樣感到掙扎的人
覺得被了解，
明白自己並不孤單，
同時為我的痛苦賦予意義

因為曾經處理過的事情
讓我現在變得更堅強，
並且更有能力去
面對艱困時刻

經歷過無法想像
的人生低谷，
對於幸福的時刻
我深切地感激，
並抓住每個
可以慶祝的機會

因為我敞開心扉待人，
朋友們也能更自在地
向我坦承他們的問題

・這個世界上有沒有什麼值得我感激的事？

・我經常會想要感謝某些事嗎？

・如果把想感謝的事寫下來，會是一份很長的清單嗎？

・我能從生活中找到可以感謝的小事嗎？

・那些想感謝的事，會隨著成長而愈變愈大嗎？

如果大多數答案都是否定的，就代表你需

感恩的好處

表達出
對他人的感激，
能讓人覺得受到
重視，因而強化
彼此關係

感恩能減少
社會比較，
同時增進自信

感恩有助於
促進身體
及心靈健康的
整體感受

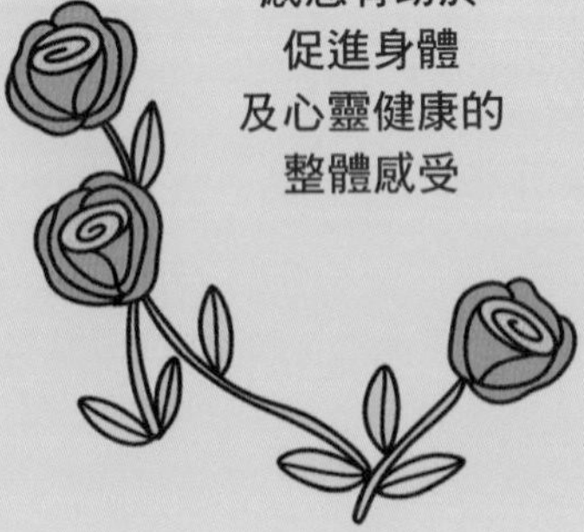

練習感恩
有助於培養
樂觀的心態，
並讓人養成懂得
賞識的健康習慣

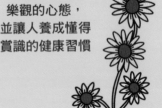

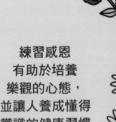

要找到更多值得感謝的事。生活並非需要完美甚至輕鬆才能學會感謝。事實上，表達感激的行為反而能讓生活變得更充實以及更有意義，進而改善我們的整體情緒以及人生觀。

感恩可以從正念開始做起，簡單地觀察當下的狀況：看看自己，感受一下這個容納自己的身軀，給予你溫暖、保護及生命。環顧周

我要感謝的事

擁有愛別人的能力

因為發現一首非常好聽的音樂而開心

種植在室內的盆栽長出新的葉子或花朵

洗完澡後躺在剛洗乾淨的床單上

剛出爐的新鮮麵包

捧腹大笑且笑個不停的時光

嘗試一份新的烘焙食譜，而成果完全符合預期

天氣愈來愈暖和，正好適合騎單車外出

我常去的雜貨店引進一款新口味的素食冰淇淋

隨手拍下了美好回憶的照片

在惜福商店裡找到一件超值的商品

遭，看看草地、天空以及白雲。聆聽人們活出自己生命的聲音。可曾想過那個提供一切生命的太陽，剛好和我們保持在最佳距離是多麼不可思議的事。宇宙中我們何其幸運有個地球可以居住。花一點時間仔細體會感激的心情，想像大腦浸潤在這種美好的感受中，得到滋養。

將這種規律的感恩習慣植入生活中，你可以用手機設定好時間，並且在那個時間思考兩三件值得感謝的事。說出對他人的感謝，欣賞什麼人就直接告訴他們。吃到美味的一餐時，大聲地說出它有多好吃。寫一張字條給自己，感謝自己經歷了那麼多事。並不需要真的相信每件事都有一線曙光，因為有時候真的很難熬。也沒有任何理由強迫自己必須感謝，而是從能夠幫助自己度過難關的事物中找到值得感激的事。

給你的留言

讓自己變得愈來愈好的旅程是一輩子的事。因為隨著成長與改變，所面對的挑戰與需求也會跟著改變。當我們愈了解自己，就能找出更多方法引領自己走在獨特的人生道路上。蓬勃發展並不意味著每件事都要做到完美，而是在有起有落的人生中學習尋找喜樂。無論此刻的你處於人生旅途中哪個位置都無關對與錯，即使當前的處境讓你感到很不快樂。

尋找讓你感到快樂的方法，或者開始建立照顧心理健康的更佳習慣永遠都不嫌太晚，也沒有時間對不對的問題。有時候人生中似乎充滿許多無法掌控的事情，讓人感到驚嚇而裹足不前。但是請記得，唯有將自我需求視為第一優先才能重新獲得掌控權。每當你覺得讓自己變得更好是件十分困難的事時，就代表你更需要這麼做，這就是為何別放棄希望那麼重要。提醒自己應該找時間做好這件事，因為你值得。

寫這本書的時候，我必須重新回憶過去人生中的點點滴滴。從受到驚嚇的孩提時代，到嘗試自殺的少女，絕望的青春期，一直到現在已經二十四歲，堅持懷抱希望，相信我有所能耐，懂得尊重自己且重視自我需求的女人。從對於明天是否還能繼續活下去感到憂心忡忡的人，轉變成對未來充滿期盼，無法捉摸的明天也變得更加清晰真實。改變用難以察覺的腳步慢慢發生，直到我回顧過去才注意到發生了什麼事。所有祕訣都寫在這本書中，每天不斷地往前跨出一小步，最終我不再感到被困住，即使仍需面對心理健康的挑戰，仍能懷抱著感恩的心面對一切。

雖然現在已經接近本書的尾聲，但這絕非我們生命旅程的終點。我希望你能從這次的經驗中獲得一些新的理解，並進行新的嘗試，承諾會用支持的方式讓一切變得愈來愈好。在這個認為患有精神疾病是一種恥辱，任何精神問題都造成束縛的世界，優先照顧好心理健康無疑是勇敢的表現。希望你感到被認同與肯定，也希望你

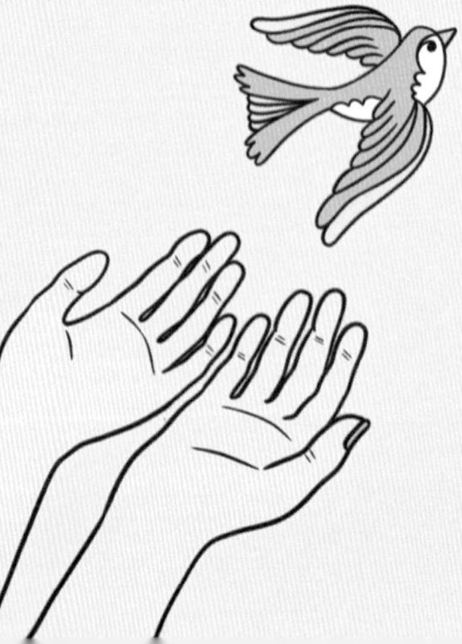

覺得受到激勵，無論此刻處於人生中哪個階段都要更友善地對待自己。渴望學習到更多關於心理健康的知識，同時更了解自己。當我們為認識自我而提供更大的空間，寬恕自己，練習更慈愛地對待自己，就代表我們展開了朝向讓感受愈來愈好的旅程。

今天就是跨出第一步的最佳日子，在每天的行事曆中安排一次有意義的自我照顧活動，練習新的應對技巧，想想看可以對過去某件從不曾注意到的事情表達感激。向心理醫生預約看診，或者找某個信任的人好好談談。這本書是否讓你想到某個所愛的人，和他連絡一下吧。帶著耐心、寬容與希望，用適合你的步伐前進。因為你值得，你一直都值得。

在繼續未來的人生旅程時，別忘了反省所有期許的改變，希望實現的願望，並且放手嘗試任何可能有幫助的方法。建立專屬於你的心理健康的工具箱，用你的立場定義幸福、平靜、動力或希望的模樣，並且嘗試各種應對及安撫方法、呼吸練習，重新整理思緒。我們的大腦有非常強的調適能力，一定能找出不同的方法面對一切挑戰。最後別忘了好好鼓勵自己一下，一個溫暖的擁抱，真心地讚美已經走到這裡的你。

致謝

我要向所有家人和親戚獻上無盡的感謝，尤其是爸爸和媽媽，感謝你們溫柔及鼓勵方式的養育之恩。你們教導我即使夢想再怎麼巨大或不切實際都可以去追尋。我從不需懷疑是否讓你們引以為榮，因為你們對我的愛就像是每天照在肌膚上的陽光一樣溫煦。

圖華，我欣賞你的勇氣、你的冒險精神以及充滿創意的靈魂。能身為姐妹和你一起成長，是我的童年最美好的時光。

奶奶，你是我的榜樣，希望有天我也能像你一樣堅強、機靈和睿智。

西格，因為你只是一隻狗，應該看不懂這段文字，不過你是為我帶來快樂的禮物。

謝謝你，約翰，你牽著我的手經歷了所有美好與可怕的生活，讓我有回到家的感覺，世界上再也無法找到和你一樣的人。我永遠愛你。

感謝所有朋友為我的生活帶來那麼多樂趣。何其有幸有你們陪伴我跌跌撞撞地度過二十多年的歲月。尤其是諾拉和琳妮亞，因為我們一起經歷了那麼多事，曾經在彼此面前大哭過那麼多次。

我的導師那迪亞、蘇珊和科特，即使在失去自信時，你們依然相信我能做得到。良師就像是大海中的浮球一樣，讓所有感到掙扎的學生們免於沉溺。

謝謝Ebury這個很棒的團隊，如果少了各位的幫忙，這本書根本不可能有出版的機會。超級感謝可愛的莉亞、費絲、蘇菲以及安亞，你們真的是我的夢幻團隊。

最後要謝謝和我一起建構線上社群的所有人，在那裡我們可以展現自己的脆弱，那也是我最喜歡做的事。

國外實用資訊（以下為英文資訊）

能提供支援的機構

國際精神病聯盟 (NAMI) ——美國最大的心理健康基層組織

verywellmind.com

mind.org

國際飲食障礙協會 (NEDA)

強暴虐待及亂倫國際網路 (RAINN)

免費的備忘錄

psychologytools.com

getselfhelp.co.uk

thinkcbt.com

能找治療師或某人談一談

internationaltherapistdirectory.com

therapytribe.com

7cups.com

wellnite.com

BIPOS（黑人、原住民及有色人種）及 LGBTQIA+（性別平權群體）

ayanatherapy.com

therapyforblackgirls.com

shine（健康的應用程式）

inclusivetherapists.com

thementalhealthcoalition.org

pridecounseling.com

thetrevorproject.org

translifeline.org

免費的應用程式

MindShift(認知行為治療練習)

Daylio(記錄情緒)

BellyBio(呼吸的神經回饋)

Bearable(症狀追蹤)

PTSD Coach(創傷後壓力症候群教練)

Meditopia(正念)

我最喜歡的心理健康 Instagram 社群

@crazyheadcomics

@drjulie

@anxiousblackgirlcomics

@doodlewellness

@selfcarespotlight

@hellomynameiswednesday

@thefriendineverwanted

@makedaisychains

@gmf.designs

@thepsychologymum

@minaa_b

@theburntoutbrain

@thatgoodgrief

當你有情緒困擾或心理相關問題，請參考以下資訊

台灣免費心理諮商資源（編輯整理）

1. 衛福部安心專線 1925（依舊愛我）
服務時間：24 小時全年無休
服務項目：提供心理諮詢及自殺危機即時介入、評估、轉介，以及第三者通報等自殺防治相關服務

2. 生命線 1995（要救救我）
服務時間：24 小時全年無休
服務項目：各種心理困擾問題，包括自殺防治、危機處理、婚姻家庭協談、男女感情協談、法律或健康協談、人際關係協談、精神心理協談等

3. 張老師 1980（依舊幫您）
服務時間：週一至週六 09:00-21:00；週日 09:00-17:00
服務項目：情緒困擾、人際與環境適應困擾、心理創傷、生涯議題、兒童與青少年議題、伴侶及家庭議題等

4. 各縣市衛生局、各區衛生所心理衛生中心

5. 各級學校輔導中心

心理健康照護平台

「心快活」心理健康學習平台

社團法人台灣憂鬱症防治協會

社團法人台灣自殺防治協會

全國自殺防治中心

珍愛生命打氣網

Creative 193

人生原來可以海闊天空：我是這樣好的，你也可以試試

作　　者｜瑪蒂達・韓道
譯　　者｜屈家信
出　版　者｜大田出版有限公司
台北市一〇四四五 中山北路二段二十六巷二號二樓
E-mail｜titan@morningstar.com.tw http：//www.titan3.com.tw
編輯部專線｜（02）2562-1383 傳真：（02）2581-8761
總　編　輯｜莊培園
副總編輯｜蔡鳳儀
編　　輯｜葉羿妤
行銷編輯｜張筠和
行政編輯｜鄭鈺澐
校　　對｜黃薇霓／屈家信
內頁美術｜陳柔含
初　　刷｜二〇二四年二月一日　定價：三八〇元
網路書店｜http://www.morningstar.com.tw（晨星網路書店）
TEL：（04）23595819 FAX：（04）23595493
購書Email｜service@morningstar.com.tw
郵政劃撥｜15060393（知己圖書股份有限公司）
印　　刷｜上好印刷股份有限公司
國際書碼｜978-986-179-851-6 CIP：178.8/112020123

填回函雙重禮
①立即送購書優惠券
②抽獎小禮物

【免責聲明】

本書資訊僅供一般參考用途，
並不能取代專業的精神治療建議或診斷。
在開始任何治療前，讀者應諮詢合格醫療專業人員，
以獲取最新專業建議。
作者和出版者當盡力確保本書資料準確，
但不會就任何錯誤、遺漏、
或錯誤陳述或失實陳述（不論明示或默示），
及讀者因使用本書內容所採取的行為承擔任何法律責任。

國家圖書館出版品預行編目資料

人生原來可以海闊天空：我是這樣好的，你也可以試試／瑪蒂達．韓道著；屈家信譯．——初版——台北市：大田，2024.02
面；公分．——（Creative；193）

ISBN 978-986-179-851-6（平裝）

178.8　　112020123

法律顧問：陳思成